어촌 설화집
옛날, 한 옛날

어촌 설화집
옛날, 한 옛날

 (사)한국바다문학회

CONTENTS

발간사 바다설화는 '바다문학'의 토대   8

▼ 부산 경남

해운대 청사포 망부송   12
기장군의 매바위와 새바위   15
기장군 보은報恩의 비석   18
태종대 망부석望夫石과 생섬鎣盆島   21
거제 윤돌섬   24
남해 가천 암수바위   26
남해 무민사武愍祠   29
소매물도의 남매바위   32
울산 윤웅允雄바위   36
통영 연화도   39
수우도 설능장군   42
철립 쓴 비구니   48

▼ 경 북

경주 석탈해왕昔脫解王 탄강지誕降地   52
영덕의 거무역리居無役里   57

영일만 연오랑延烏郎과 세오녀細烏女	61
울릉도 성하신당聖霞神堂	64
울릉도 열녀비	69
축산 영의남공유허비英毅南公遺墟碑	72

강진 비래도飛來島 처녀무덤	76
거문도 고두리 영감제와 거북제	79
거문도 오돌래	82
목포 갓바위	85
여수 백도	89
여수 오동도	92
완도 금일金日의 구동龜洞	95
완도 금일金日의 칠기도七岐島	98
완도 신지도 울 모래	101
진도 굴포 용왕신당	104
진도 벽파진의 노인 신당	107
진도 뽕할머니	110
진도 팽목마을 탈상바위	113
신안 홍도紅島의 탑상搭像골	116

전북

부안 변산반도의 수성당水聖堂	120
부안 위도의 피동지皮同知 구멍	123

경기

강화 보문사 굴법당	128
김포 손돌의 여울	132
안산 잿머리 성황당	136

충남

당진 용바위	140
서천 곡성哭聲바위	143
태안 떡바위	146
태안 삼형제 바위	149
태안 안면도 뱀사당	152
태안 안면도 선바위	156
태안 안면도 할미바위	159

강원

강릉 해랑당 海娘堂	164
강릉 주문진의 아들바위	168
강릉 주문진의 진이 서낭	171
강릉 주문진의 해당화 서낭당	174
삼척 척주 동해비	177
삼척 해신당	180

제주

북제주 금녕의 서문 하르방	184
서귀포 용머리	187
서귀포 조롱이당	190
제주시 절부암 節婦岩	194
조천 고냥[穴] 할미당 [새콧덩]	197
산호해녀	200

바다설화는 '바다문학'의 토대

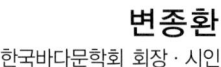

변종환
한국바다문학회 회장 · 시인

　우리나라에서는 매년 5월 31일을 '바다의 날'로 기념하고 있습니다. 국민의 바다에 대한 생각을 깨닫게 하고 바다관련 산업의 중요성과 의의를 높이기 위해 제정된 '바다의 날'은 통일신라시대인 828년 해상왕 장보고대사가 청해진을 설치한 날을 기념하여 만들었습니다.
　조선기술과 해양과학이 발전함에 따라 바다의 중요성은 갈수록 높아지고 바다를 지배하는 나라가 세계를 지배한다는 논리에 이르게 되었습니다.
　중국도 1405년 7월 11일 동남아시아 바다길 탐험에 나선 鄭和가 이끄는 선단이 南京을 출항한 이날을 '바다의 날'로 삼아 2005년 南京에서 대대적인 기념행사를 개최한 적이 있습니다. 중국은 여전히 해양진출에 대한 관심을 높여가면서 세계무역대국의 발판을 굳혀가고 있는 현실입니다.
　모성과 포용의 바다는 때때로 슬픔과 비극의 바다로 우리들의 가슴을 아프게 하였고 지금 이 순간에도 바다는 갖가지 오염의 원인으로 오염되어 죽어가고 있습니다.
　우리 문인들이 '해양문학' 혹은 '바다문학'을 강조한 것도 바다에 대한 창작활동은 물론 우리들의 아름다운 지구를 염두에 둔 생각을 몸소 실천해온 것이라 할 수 있습니다.

'옷 벗고 마음 벗고/다시 한 십년/볕으로 소금으로 절이고 나면/나도 사람 냄새 싹 가신 등신等身/눈으로 말하고/귀로 웃는 달마達磨가 될까?/그 뒤 어느 해일 높은 밤/슬쩍 체위體位 바꾸듯 그 섬 내쫓고/내가 대신 엎드려 용서를 빌고 나면/나도 세상과 먼 절벽섬 될까?/한 평생 모로 서서/웃음 참 묘하게 짓는 마애불磨崖佛 같은.'

임영조 시인의 시 '고도孤島를 위하여' 부분입니다.
'한 십년 볕으로 소금으로 절인' '눈으로 말하고 귀로 웃는 달마' 또는 '웃음 참 묘하게 짓는 마애불'같은 초월한 모습의 절해고도와 포용의 바다처럼 참으로 자애롭고 더 크고 넓은 마음으로 온 누리에 바다사랑정신과 바다문학을 펼쳐나가야 합니다.

바다문학에 대한 사전의 정의는 바다를 대상으로 쓰인 문학, 또는 바다가 작품 가운데서 주제로 된 문학이라 정의되어 있습니다. 이 정의는 바다문학의 특수성과 관련된 체험의 문제를 배제하고 있어 우선적으로 문제됩니다.

바다에 대한 체험과 상상력을 증대시키기 위하여 우리 어촌과 주변에서 사라져가는 바다와 관련된 설화를 채집하고 이를 책으로 발간하게 되었습니다. 이러한 설화는 점차 우리의 기억에서 사라져가고 있는 실정이어서 이의 보존 작업이 매우 시급한 일이 아닐 수 없습니다. 이번에 발간되는『옛날, 한 옛날』은 사라져가는 설화를 되살리고 보존하는 매우 의미 있는 일입니다.

이 사업에 관심과 성원을 보내주신 모든 분들에게 진심으로 감사드리며 수고해주신 모든 분에게도 고마움의 인사를 올립니다.

부산, 경남

해운대 청사포 망부송
기장군 매바위와 새바위
기장군 보은報恩의 비석
태종대 망부석望夫石과 생섬鑣盆島
거제 윤돌섬
남해 가천 암수바위
남해 무민사武愍祠
소매물도 남매바위
울산 윤웅允雄바위
통영 연화도
수우도 설능장군
철립 쓴 비구니

해운대 청사포 망부송

　부산광역시 해운대구 중2동 청사부락. 우리나라 해수욕장으로 가장 많이 알려진 해운대해수욕장에서 2km 정도의 거리에 있는, 부산이면서도 전연 부산답지 않은 한적한 청사포(靑砂浦)란 어촌이다. 물이 맑고 해안이 아름다워 일찍이 이곳에 횟집들이 들어서서 회가 유명한 곳이기도 하다. 이 청사포의 선착장 입구 해안에는 망부송(望夫松)이란 400여 년이 넘는 소나무와 망부암(望夫岩)이란 바위가 개발에 밀려 횟집 사이에서 초라하게 서 있다.

　400여 년 전 이곳에는 정씨와 최씨 등 몇 가구 되지 않은 사람들이 바다만을 바라보며 오순도순 살아가고 있었다. 이 중 착하고 성실한 어부인 정씨라는 총각이 있었는데 오래도록 결혼을 못하고 있다가 이웃의 도움으로 마침 적령에 달한 같은 마을 예쁘고 착한 어린 처녀와 결혼을 하게 되었다.
　이들 부부는 늦은 결혼 탓인지 남달리 금슬이 좋아 떨어져 있는 날이 없었다. 바다에 나가 고기를 잡아도 아내가 해초를 뜯는 모습이 빤히 보이는 곳에서 고기를 잡았고 외출을 할 때도 항상 같이 다녔다. 그러나 이들은 결혼 때 얻어 쓴 빚과 집을 장만하기 위해서는 그렇게만 살 수는 없었다. 좀 더 많은 고기를 잡아야 했다. 그래서 남편 정씨는 지금까지 다녔던 앞바다의 고기잡이를 그만 두고 좀 더 먼 바다로 나가기로 결심을 했다. 아무래도 먼 바다로 나가면 많은 고기를 잡을 수 있을 것이기 때문이다.
　"여보, 우리 배는 너무 작아 먼 바다로 나가기에는 위험해요"

해운대 청사포 망부송

"염려 말아요. 몇 번만 잘 갔다 오면 빚도 갚고 배도 키울 수 있을 것이요."
"그래도 불안해요. 제가 갯 것을 부지런히 할 게요."
그러나 아내의 만류에도 정씨의 마음은 변하지 않았다.
어느 날 날씨 좋은 날을 골라 정씨는 결국 먼 바다로 고기잡이를 떠났다. 그러나 먼 바다로 떠난 정씨는 돌아 올 날짜가 되어도 돌아오지 않았다.
아내는 매일 바닷가의 바위에 올라 먼 바다를 바라보며 남편이 돌아오기를 기다렸다. 하루가 가고 한 달이 가고, 그래도 남편이 돌아오지 않자 안타까운 마음에 좀더 먼 바다를 바라볼 수 있는 곳을 찾다 바로 옆에 있는 높은 소나무 위로 올라가 남편을 기다렸다.
남편은 끝내 돌아오지 않았다.
아내는 이렇게 매일 바위와 소나무 위에서 남편을 기다리다 결국 지쳐 그 곳에서 죽고 말았다.
그래서 그 때 아내가 서서 남편을 기다리던 소나무를 망부송望夫松이라 불렀고 바위를 망부석望夫石이라 불렀다고 한다.

그 후 마을 사람들은 이곳에 사당을 지어 외롭게 죽어간 부부의 혼을 위로하고 마을의 안녕과 풍어를 기원하는 제사를 해마다 지내고 있다고 한다. 그러나 지금 망부석은 인근에 건물이 들어서면서 사라져 버렸고 망부송 만이 먼 바다를 굽어보면서 초라하게 서있다.

또 다른 전설에 의하면 정씨 아내의 애절한 정이 용왕에 알려져 용왕이 이를 갸륵히 생각하고는 푸른뱀靑蛇를 보내 정씨 아내를 용궁으로 모셔 오게 하여 정씨를 만나게 했다고 한다. 그래서 청사포靑砂浦의 옛날 이름이 청사포靑蛇浦였다고 한다.

부산

기장군 매바위와 새바위

　부산광역시 기장군 기장읍 죽성리 두호마을. 기장군청에서 남쪽 산길로 2km 쯤 들어가면 고산 윤선도가 잠시 귀양살이를 했다는 그림 같이 아름다운 황학대가 있고 지방 문화재인 국수당 소나무가 마을을 내려다보고 서 있는 아름다운 갯마을이 있다. 이 마을이 두호마을이고 이 마을 바로 앞에 일렁거리는 파도를 받으며 솟아 있는 새 같기도 하고 거북 같기도 한 두 개의 큰 바위가 있는데 이 바위가 매바위일명 어사암 와 새바위일명 거북바위이다.

　지금으로부터 130여 년 전 조선 25대 임금인 철종 10년에 경에 이 곳 두호마을에는 30여 호의 농 어가가 있었는데 그 중 영천 이씨가문李氏家이 남달리 부지런하고 알뜰하여 살림이 가장 넉넉하였다. 그러다 보니 풍류를 즐기며 전국을 떠돌아다니는 객들이나 또 이런 저런 일로 이곳을 지나는 과객들은 주막을 찾다가 주막이 없자 자연 집이 크고 살림이 넉넉할 것 같은 이 집을 찾아 들게 되었다. 이씨 가문의 부인은 이런 과객들을 정성스럽고 친절하게 대접하였다. 그러나 소문을 듣고 찾아오는 과객이 차츰 늘어나게 되고 따라서 일손도 부족하게 되자 짜증도 내게 되었고 또한 가세도 기울어져 부담도 느끼게 되었다.
　어느 날 평소보다 더 많은 과객들이 들어 짜증과 양식걱정에 머리를 싸매고 있는데 늦은 시각에 허름한 늙은 과객 한 분이 찾아 들었다. 부인은

기장의 매바위와 새바위

자신도 모르게 이 손님에게 짜증스런 목소리로 푸념을 늘어놓고 말았다.
"이 늦은 시간에, 과객들 때문에 등골 빠지겠네."
이 소리를 들은 과객은 행장을 풀지도 않고 일어서면서 손가락으로 앞바다의 바위 끝을 가리켰다.
"손님이 찾아오는 것이 그렇게도 귀찮으시다면 저 바위의 꼭지 부분을 깨트려 보십시오."
이렇게 말을 남기고는 집을 나갔다.
늙은 과객의 말을 들은 이씨 집에서는 이제 과객을 맞이하지 않아도 된다는 말에 기뻐하며 즉시 동네에서 힘이 센 장정 두 사람을 사서 매바위의 끝을 깨뜨려 버렸다.
그 뒤부터 늙은 과객의 말대로 더 이상 과객은 들지 않았다. 그러나 가세는 더욱 기울어져 갔다. 뿐만 아니라 가족들이 하나 둘 병상에 눕게 되고 자손들도 더 이상 대를 잇지 못했다. 결국 이씨 가문은 후손도 재산도 남기지 못한 채 비참하게 몰락하고 말았다.

　이 후 마을 사람들은 이씨 가문이 깨뜨린 바위가 매의 형상을 닮았다 하여 "매바위"라 불렀다고 한다. 그런데 이씨 가문이 매바위를 깨뜨려 매를 죽이고 나니간 바로 앞에 있는 새가 활기를 찾아 새바위 쪽의 바위에는 미역과 해조류가 풍부하게 생산되어 잘살게 되었고 반대로 매바위 쪽에서는 지금까지 해조류 등 많이 생산되던 수산물이 어쩐지 잘 되지 않아 어렵게 살게 되었고 병고도 많았다고 한다.

　지금도 이 마을에는 "매바위와 새바위"의 전설을 교훈 삼아 후손들에게 이웃과 친하게 지내며 인정있게 살아가기를 가르치고 있다고 한다.

기장군 보은報恩의 비석

부산광역시 기장군 일광면 삼성리. 일광해수욕장으로 들어가는 도로 입구에는 십여 그루의 노송이 용하게도 개발의 논리나 차량의 매연을 견디며 서 있다. 이곳 오른편의 노송 사이를 보면 장승을 신으로 모신 신당이 있고 신당 바로 옆에는 마모되어 글자를 알아보기 힘든 5개의 비석이 있다. 이 비석들은 흔한 공덕비지만 제일 앞쪽 비석은 구해불망비求海不忘碑라는 글귀가 새겨진 특이한 비석이다.

이 비석은 조선조 철종 때 기장읍 동부리에 살던 권천줄權天茁씨가 당시 흉년으로 기아 직전에 놓였던 이 지역의 많은 어업인들을 구해준데 대한 보답으로 그 은혜를 후세에 전하기 위해 이 지역 어업인들이 세운 것이다.

조선 25대 왕인 철종 4년1854. 기장 현감인 송씨는실제 당시 현감은 張有豊백성의 재산을 착취하고 죄 없는 백성을 괴롭혀 그 악정이 극에 달하였다. 이에 격분한 권천줄씨의 아버지인 권영후權永厚씨는 기장, 일광 주민들을 선동하여 민란을 일으켜 현감을 납치해 욕을 보이고는 일광면 삼성리의 대추나무 밑에 갖다 버렸다. 대추나무 밑에서 겨우 생명을 건진 송현감은 그 길로 서울로 도망을 가서 자기의 악정은 말하지 않고 권영후의 민란만을 사헌부에 고발하였다. 사헌부에서는 즉시 권영후를 잡아 가 하옥시키고 말았다.

한편 그 때 권영후의 부인은 임신 9개월의 만삭이었다. 무거운 몸으로 매일 마을 입구에 나와 사헌부에 잡혀 간 남편이 무사히 돌아오기를 애타게

기장 보은의 비석

기다렸다. 하지만 들리는 소식은 나쁜 소식뿐이었다. 나쁜 소식에 지쳐 있던 부인은 어느 날 남편이 살아남기 힘들 것이라는 소식을 접하게 되었고, 이에 충격을 받은 부인은 그만 뇌일혈로 쓰러져 죽고 말았다. 가족들은 애통해 하며 상을 치를 준비를 하고 있었는데 마침 이때 이곳을 지나던 과객이 이를 보고는 안타까이 생각하여 상주를 만났다.

"임신부는 이미 죽었지만 배 안에서 뛰고 있는 아이는 살릴수 있습니다."
"참말입니까?"
"제가 처방을 말하는 데로만 하십시오."
"말씀만 해 주시면 그대로 하겠습니다."
"지렁이가 없는 마루 밑의 흙을 3말 정도 파서 뜨겁게 만든 후 숨진 임산부의 배 위에다 얹어 놓으십시오."

권씨 집안에서는 설마 하면서도 별로 어려운 일이 아니었으므로 과객이 시키는 대로 흙을 쪄서 죽은 임산부의 배 위에 얹고 가슴을 졸이며 방문을 닫고 기다리고 있었다. 과연 30분 쯤 지났을 무렵 놀랍게도 태아의 울음

소리가 들렸다.

　바로 이 아이가 사자생손死者生孫인 권천줄씨였다.

　그 후 지역의 민란이 수습되고 그 원인이 조사되자 사헌부에서 권영후씨의 죄가 이유있다고 인정하여 죄를 면하게 하였다.

　새로 부임한 기장 현감은 권천줄씨의 사자생손 사실을 알고는 이를 임금인 철종에 알렸고 철종께서는 이는 나라의 경사라고 반기며 매년 1천냥씩 10년 간의 녹을 권천줄씨에게 내렸다. 권씨는 이 돈을 계속된 흉년으로 굶어 죽을 지경에 놓여 있는 기장구포구 어촌 등 9개 어촌 마을 입구에 골고루 나누어 주어 굶어 죽는 사람이 없도록 하였다.

　이에 이들 마을 어업인들은 이 은혜를 후세에 알리고자 비석 1개씩을 9개 어촌 마을입구에 세웠는데 지금 8개는 자취를 감추고 삼성포의 비석만이 인간의 이기심에도 용하게 살아 남아 있다. 그러나 당시 어업인들의 생각과는 달리 그 모습이 초라하고 외롭기만 하다. 또한 글자마저도 알아보기 힘들 정도로 마모되어 있다.

태종대 망부석望夫石과 생섬鍮盆島

　부산광역시 영도구 동삼동에 위치한 태종대는 기암괴석과 널 푸른 바다, 그리고 자연 풍광의 아름다움으로 부산의 삼대 관광지 중의 하나로 꼽히고 있으며 지방 기념물 제 28호로 지정되어있다.
　이 태종대라는 이름은 신라의 태종무열왕이 삼국을 통일한 후 이곳에 와 활을 쏘며 놀았다는데서 유래되었다고 한다. 조선의 태종도 이곳을 유람했다고 전해지며 동래 부사는 가뭄이 들 때면 이곳에서 기우제를 지냈다고도 한다.
　이러한 아름다운 태종대의 일주 도로를 타고 돌아가다 보면 중간 지점쯤 되는 바닷가 절벽 위에 등대가 있다. 이 등대로 가는 길을 따라 내려가면 파도를 맞고 서있는 기암괴석과 바로 앞에 그림처럼 떠 있는 생섬이 푸른 바다와 조화를 이루어 태종대의 아름다움에 극치를 더하고 있다. 이런 곳에 수십 명의 사람이 앉아 놀 수 있는 널찍한 바위마당이 있는데 옛날 신선이 학을 타고 와서 놀았다고 하여 신선대라 부르고 있다. 이 신선대 위에 생섬과 멀리 일본의 대마도를 보고 서있는 사람 모양의 우뚝 솟은 바위가 있는데 이 곳 사람들은 이 바위를 망부석이라 부른다.
　옛날 동삼동에 금슬 좋은 젊은 부부가 살고 있었다. 남편은 바다에 나가 고기를 잡고 아내는 바닷가에서 해초를 뜯거나 조개를 잡으면서 단란하게 살았다. 그러나 왜구의 침범이 잦아 애써 장만해 놓은 곡식을 번번히 강탈

부산 영도 태종대 "망부석"

당하곤 했다.

  어느 날 또다시 왜구가 침범했다. 남편은 아내를 집 뒤 고갈산으로 먼저 피신시켰으나 자신은 곡식 가마니를 짊어지고 뒤늦게 도망을 가다 그만 왜구에 붙잡히고 말았다. 포악한 왜구는 곡식을 빼앗고 집에 불을 지른 후 남편을 일본으로 끌고 가고 말았다.

  피신에서 돌아온 아내는 집은 불타고 남편은 왜구에 잡혀갔다는 사실을 알게 되었다. 그 날부터 아내는 식음을 전폐하다시피 하면서 일본이 가장 잘 보이는 이곳 신선대 바위 위에 서서 남편이 돌아오기만을 기다렸다. 그러나 하루가 가고 일 년이 가도 끝내 남편은 돌아오지 않았다. 아내는 결국 기다리다 지쳐 죽고 말았다. 아내가 죽고나자 그 자리에는 바위 하나가 우뚝 서게 되었다고 한다. 그 후 이곳 사람들은 이 바위를 지아비를 기다리다 죽은 아내의 바위라 하여 망부석望夫石이라 불렀다.

그런데 망부석이 생긴 이후 어부 한 사람이 생섬 앞에서 고기를 잡다가 너무 추워서 생섬에 내려 모닥불을 피워 몸을 녹이고 소변을 보고 돌아왔는데 이상하게도 성기가 붓고 꿈에 생섬이 불에 활활 타는 꿈을 꾸고는 시름시름 앓다가 죽고 말았다. 또 부부가 생섬 앞에서 고기를 잡다가 하도 날씨가 좋아 생도에 내려서 놀다가 부부관계를 가졌는데 관계가 끝나자마자 그 자리에서 죽고 말았다고 한다. 이때부터 생섬鎌盆島에서 용변을 보게 되면 성기가 붓거나 이상이 생기게 되고 불을 피우게 되면 큰 재난을 당하게 된다고 한다. 또한 남녀가 정을 통하게 되면 급살을 맞게 된다고 한다. 그래서 이곳 사람들은 아내의 한이 이 섬에 어려 있다고 생각하여 이 섬에서는 절대 용변을 삼가고 불을 취급하지 아니하며 남녀간의 사랑도 금기하여 오고 있다고 한다.

오늘도 망부석은 그 옛날 아내의 한 서린 사연을 바다에 고하고 있는 듯이 파도와 비바람을 맞으며 생섬과 일본을 향하여 외롭게 서있다.

그러나 안타깝게도 그 부부의 후손들이 누구였는지 알 길이 없고 또한 전설을 제대로 알고 있는 사람도 없다.

거제 윤돌섬

경남 거제시 일운면 구조라리 산의 72번지 윤돌섬. 고현에서 장승포로 가다 보면 망치고개란 고개가 있다. 이 고개를 넘어서면 산 아래 유명한 구조라 해수욕장이 눈에 들어온다. 이 해수욕장의 오른편 육지에서 500m 정도 떨어진 곳에 상록수가 우거진 조그만 섬이 있다. 바로 이 섬이 윤돌섬이라고도 하고 효자섬이라고도 하는 섬이다. 면적은 11,207제곱미터로 작은 섬이지만 한 두 가구는 살 수 있는 밭과 물이 있다. 이 섬에는 밀물 때는 건너기가 어렵지만 썰물 때는 발목만 적시면 건너갈 수 있는 얕은 목이 있다.

아주 먼 옛날 윤돌섬 맞은편 북병산 밑 양지마을에 늙은 어부 한 사람이 살고 있었다. 어부는 이웃 마을 해녀와 결혼하여 단란하게 잘 살았다. 어부는 바다에 나가 고기를 잡고 해녀는 전복과 미역 멍게를 따며 살았다. 그렇게 살던 어느 날씨 좋은 날 해녀는 좀 더 많은 해산물을 따기 위해 혼자 뗏목을 타고 암초가 많은 앞바다로 나갔다. 그날따라 전복과 소라가 많아 정신 없이 따고 있는데 갑자기 거센 바람이 일며 사나운 파도가 치기 시작했다. 해녀는 급히 뒤웅박을 챙겨 배에 올라 죽어라 노를 저었지만 파도는 점점 더 심해져 배가 앞으로 나아가지를 않았다. 성난 파도와 사력을 다해 씨름하던 해녀는 그만 지쳐 쓰러지고 말았다. 결국 배는 파도에 먼 바다로 떠밀려 나가 행방불명이 되고 말았다.

거제 윤돌섬(효자도)

  육지에서 걱정이 되어 바닷가에 나와 이를 지켜보던 어부는 어떻게 해 볼 방법이 없어 발을 동동 구르며 목이 찢어지도록 아내를 소리쳐 불렀지만 아무 소용이 없었다.
  그 후 아내를 잃은 어부는 달이 밝은 밤이면 바닷가에 나와 아내를 부르다가 달만 하염없이 쳐다보았기에 마을 사람들은 그를 망월이라고 불렀다.
  이 무렵 과부 노파 한 사람이 윤씨 성을 가진 아들 삼 형제를 데리고 윤돌섬에 와서 살게 되었다. 늙은 어부와 이 과부 노파는 서로의 외로운 처지를 위로하다 차츰 정이 들어 사랑하게 되었다.
  그러나 과부 노파는 자식들 때문에 결혼은 하지 못하고 자식들과 남의 눈을 피해 밤으로만 살짝살짝 만났다. 그러나 만날 때마다 과부 노파는 자식들 때문에 늙은 어부를 윤돌섬으로 불러들이지는 못했다. 자신이 직접 저녁 썰물 때를 이용하여 늙은 어부집을 찾아가 사랑을 나누곤 했다.
  가을이 가고 겨울이 찾아오자 과부 노파는 신과 버선을 벗은 맨발로 차가운 바닷물을 건너기가 매우 고통스럽고 괴로웠다. 그러던 어느 날 달 밝은 밤에 과부 노파의 아들 윤씨 삼형제가 버선을 벗어 들고 차가운 바닷물을 건너 양지마을의 늙은 어부를 찾아가는 어머니의 모습을 보게 되었다. 윤씨 삼 형제는 이를 몹시 애처롭게 생각하고는 의논 끝에 어머니가 버선을 벗지 않고 양지 마을을 갈 수 있게 징검다리를 놓았다.
  이를 알게 된 이곳 사람들은 이 섬을 효자섬이라 부르다가 윤씨 삼형제가 살면서 돌다리를 놓았다고 해서 윤돌섬이라 부르게 되었다고 한다.

남해 가천 암수바위

경남 남해군 남면 홍현리 489번지. 흔히 가천리라 하고 옛사람들은 나서면 까꾸막비탈의 사투리이라 부르는 비탈에 다랭이 논을 이루고 사는 마을이다. 남해읍에서 약 20km 거리. 구불구불한 산허리길을 바다를 바라보며 가다 보면 봉수대가 있었다는 소홀산의 비탈진 언덕빼기에 60여 가구의 동네가 있고 이 동네의 한 가운데를 지나는 비탈진 좁은 도로를 지나 농노를 따라 바닷가로 내려가다 보면 마을에서 200여 미터 떨어진 지점에 땅속에서 발굴했다는, 남자의 성기와 임신한 여자를 닮은 바위가 있다. 이 바위를 암수바위 또는 자지바위라 부르기도 하지만 이곳 사람들은 수미륵 암미륵이라고 부르고 있다. 남자의 성기를 닮은 숫바위는 5.8m 높이로 남자의 성기가 발기를 한 형상이고, 임신한 여자를 닮은 암바위는 3.9m로 숫바위에서 6m 정도 떨어져 있으며 아기를 밴 형상이다.

조선조 영조 57년1751 당시 이 고을 현령인 조광진이 잠을 자는데 꿈에 한 노인이 나타났다.
"내가 가천에 묻혀 있는데 우마의 통행이 잦아 일신이 불편해서 견디기 어려우니 나를 일으켜 주면 반드시 좋은 일이 있을 것이다."
라는 말을 하고는 홀연히 사라졌다.
꿈에서 깨어난 현령은 이상한 일이라고 생각하고는 관원을 모아 가천지방으로 가보니 꿈에서 본 지세와 똑같은 지역이 있었다. 그래서 관원들을

남해 가천 암수바위 "암바위"   남해 가천 암수바위 "수바위"

불렀다.

"이곳을 파 보도록 하여라."

관원들은 우마나 다니는 이곳을 파 보라니 이해가 가지 않았지만 현령이 파 보라니 팔 수 밖에 없었다. 얼마 파지 않아 바위가 나왔는데 그것은 남자의 성기를 닮은 바위였다. 관원들은 이를 보고 고개를 돌리거나 킥킥거리고 웃었지만 고을 현령은 어제 밤 노인이 현몽한 것을 생각하고는 엄숙한 모습으로 관원들에 명령을 하였다.

"바위를 깨끗이 씻고 정중하게 모시도록 하라. 그리고 암바위는 누운 채 그대로 두고 숫바위는 일으켜 새워두도록 하라."

이렇게 해서 발굴 작업이 완료되자 현령은 마을 사람들을 불러 모아 논 다섯 마지기를 헌납하고 미륵불로 봉안하였다.

그 후 마을 사람들은 미륵불을 일으켜 세운 음력 시월 스무 사흘 날 밤 자정에 마을의 안녕과 풍어를 비는 제사를 지냈는데 그것이 지금까지 전해 내려오고 있다고 한다. 그래서 해상사업을 하는 사람들이 많이 이곳에 와서 제사를 지내는데, 1920년에는 욕지도 어선이 이 곳 앞바다를 지나다 태풍을 만나 표류하고 있을 때 잠시 어부들의 꿈속에 미륵 노인이 나타났다고 한다.

"나는 영의 세계에서 인간을 구하기 위하여 나왔다."

이렇게 말을 하고는 이들의 배를 구해 주었다고 한다. 그 후 그 배에 타고 있었던 어부들은 죽을 때까지 이곳을 찾아와 해마다 제사를 지낸다고 전한다.

지금 이곳은 경남 민속자료 제13호로 지정되어 보호되고 있으며 주변 30여 평에 동백나무와 유자나무를 심어 정화시켜 놓았다. 그런데 이상하게도 이 암수바위가 있는 가천마을은 산비탈 마을로 농지라야 다랭이논으로 이루어 진 천수답으로 일일이 인력으로 농사를 지어야 하는 빈농들이고 오지인데도 다른 지역과는 다르게 이농 현상이 적고 자식들이 많이 난다고 한다. 농촌의 다른 지역에서는 어린애들을 보기 힘들어도 이 마을에는 뛰어 노는 애들을 흔히 볼 수 있다.

경남

남해 무민사 武愍祠

경남 남해군 미조면 미조리. 동으로는 남해바다를 멀리 내려다보고 남으로는 부처님의 성불과 그 행차를 도왔다는 미조리彌助를 내려다보고 있는 양지바른 배서진배모양의 성터형국의 언덕 위 이물 쪽 부분에 고려 말의 명장 최영崔瑩 1316 - 1388장군의 신상 같은 화상을 모신 무민사라는 조그만 사당이 있다.

최영 장군은 왜구 체복사體覆使 및 해사도통海師都統으로 서남 해안에 침입하는 왜구를 크게 무찔렀던 사람으로 조선 성종 때에 이르러 장군의 호국 전공과 충의심을 현양하기 위해 이곳에 사당을 세웠다. 그 후 1954년에 이곳 주민들이 최영장군 유족 보존회를 결성하고 이 사당을 다시 세우는 한편 1978년 이 곳을 정화하였다고 한다. 이 사당에 특이한 것은 마치 신상처럼 보이는 최영장군의 화상을 모시고 있는데 있다.

어느 날 남해도 첨사가 꿈을 꾸었다. 늙은 장수 한 사람이 나타나 이렇게 명령을 하였다.

"최영장군의 영정과 칼이 바닷가에 있으니 찾아서 잘 모셔 놓아라."

"네"

너무나 선명한 꿈이었다.

첨사는 즉시 수문장인 봉장군을 불렀다.

"지금 즉시 바닷가로 나가 보아라"

최영장군 사당

"바닷가로 나가서 무엇을 하오리까?"
"뭔가 이상한 것이 있으면 즉시 가져오도록 하여라."
"네"

첨사의 명을 받고 영문도 모른 채 바닷가에 나가서 두리 번 거리 던 봉장군은 바닷가에 떠다니는 이상한 나무궤짝 하나를 발견 하고는 이를 즉시 건져 첨사에게 갖다 바쳤다.

첨사는 봉장군이 가져온 궤짝을 열어 보았더니 꿈속에서 늙은 장수가 말 한 대로 최영장군의 영정과 칼이 들어 있었다. 첨사는 이것을 정성들여 짚으로 잘 싸서 모셔 놓았는데 어느 날 갑자기 이곳에 불이 나고 말았다. 첨사는 최영장군의 영정이 걱정이 되어 발을 동동 구르고 있었는데 연기 속으로 장군의 영정이 휙 날아오르더니 불을 피하여 바람에 날리듯 지금의 사당이 있는 곳에 내려앉았다. 첨사는 영정이지만 그 영험에 놀라 내려앉은 자리에 가서 재배를 하고 주위를 살펴보니 명당인 것 같았다. 그래서 이곳에 사당을 짓고 영정과 칼을 모시게 되었다.

그 후부터 이곳이 영험이 있다 하여 사람들은 여기에 와서 제사를 지내게 되었는데, 아이를 못 낳는 부부가 여기에 와서 정성을 다하여 절을 하게 되면 아이를 낳게 된다고 하였고, 어부들은 고기잡이를 위하여 바다에 나갈 때 이곳에 와서 제를 지내고 나가면 풍어와 안전 항해를 할 수 있다고 하였다.

이 무민사와 같은 최영장군당은 남해안의 여러 곳에서 볼 수 있다. 남해에서는 남면 평산리에서도 있었고 통영 산양면 원항, 사량도 상도 진촌리, 부산광역시 감만동 등, 이는 서해안 지역에서 임경업장군과 마찬가지로 국난을 타개한 충신임에도 억울한 죽음을 당했을 뿐 아니라 당시 왜구의 침입이 잦아 한 때는 무인도가 되기도 했던 이곳에서 왜구를 물리친 장군이란 것을 감안 한다면 최영장군 같은 이는 충분히 추모의 대상이 되었음은 물론 이곳 주민의 수호신으로도 받들만 했으리라고 생각이 된다.

최영장군의 사당은 많으나 남해 무민사와 같은 전설이 있는 곳은 이곳이 유일하다.

> 경남

소매물도 남매바위

 경남 통영시 한산면 매죽리. 매죽리는 대매물도와 소매물도로 이루어져 있다. 이 중 소매물도는 통영의 여객터미널에서 뱃길로 한 시간 거리에 있는 면적 0.3제곱 킬로미터의 작은 섬이다. 그러나 이 섬은 진시황의 신하 서불이 불로초를 구하러 왔을 정도로 아름다운 섬으로 이름도 해금강에 못하지 않다 해서 해금도라 불렀던 섬이기도 하다. 이 섬의 동쪽으로 500여 미터의 거리를 두고 대매물도가 있는데 이 대매물도를 마주보고 있는 낮은 구릉에 누군가가 갖다 놓은 듯한 큰 바위 두 개가 20미터 정도의 거리를 두고 위 아래로 나란히 굴러가는 듯이 서 있다. 이 바위를 이 곳 사람들은 남매바위라 부르고 있다.

 옛날 소매물도에 사람이 살지 않을 때의 이야기다.
 대매물도에 금슬이 좋은 권씨 성을 가진 부부가 고기를 잡고 해초를 뜯으며 비록 가난하지만 단란하게 살았다. 그러나 이들에게는 자식이 없는 것이 걱정이었다. 젊었을 때는 설마 하고 생각했지만 나이 들어 갈수록 초조해지기 시작했다. 그래서 이들 부부는 자식 하나만 점지해 달라고 매일 칠성님께 빌었다. 그래서일까 얼마 되지 않아 부인에게 태기가 있었다. 집안과 마을에서는 온통 축하와 기쁨으로 가득 찼다. 그러나 이 기쁨은 10개월 뒤 또 다른 근심으로 바뀌었다. 권씨 부인이 쌍둥이를 낳은 것이다. 그것도 사내나 계집아이가 아니라 남매 쌍둥이였다.

소매물도 남매바위

　남매 쌍둥이는 태어나면 둘 중 하나는 목숨이 짧아 일찍 죽는다는 말이 전해 내려오고 있었다. 뿐만 아니라 일찍 죽는 쌍둥이는 저승에서 이승에 남아 있는 쌍둥이마저 데려가기 때문에 남매 쌍둥이는 둘 다 명이 짧다는 것이다. 만약 오래 살기라도 하면 근친상간으로 집안이 망한다는 것이다.
　권씨 부부는 이런 전설 때문에 밤낮으로 걱정이었다.
　재롱을 떠는 어린 남매들을 볼 때는 더 이상 행복이 없다고 생각을 하다가도 이들의 앞날을 생각하면 온 몸에 힘이 쭉 빠지곤 했다. 그렇다고 이들이 불행해지는 것을 그대로 앉아서 보고 있을 수만 없었다. 어떻게 하면 좋을까를 고기를 잡으면서도, 해초를 뜯으면서도 생각하다가 어느 날 남편이 한 가지 꾀를 내었다.
　"여보 강보에 쌓여 있을 때 어린 것 하나를 없애는 것이 어떻겠소."
　"어떻게 그런 짓을 하겠습니까?"
　"그렇지만 둘 다 불행해지는 것 보다 낫지 않겠소."
　권씨 부인은 어린 남매들을 안으며 눈물을 흘렸다.
　"그래도 그 짓은 못할 짓입니다."
　남편은 다시 골똘히 생각하다가 다른 제안을 했다.

"그럼 딸애를 사람이 살지 않는 곳에 갖다 버리도록 합시다."

그래서 이들 부부는 남매 쌍둥이 중 딸아이를 사람이 아무도 살지 않은 무인도인 소매물도에 갖다 버리기로 했다.

어느 날 부부는 딸아이를 배에 싣고 며칠이라도 더 살 수 있게 딸아이가 먹을 수 있는 약간의 음식과 이불을 싣고 소매물도로 갔다.

대매물도가 바라다 보이는 양지바른 곳에 움막을 지었다. 그리고 그 곳에 딸아이를 놓고 돌아왔다. 가슴이 찢어질 듯이 아팠지만 세월이 흐르면서 또 남아 있는 아들이 잘 자라면서 당시의 아픔은 차츰 잊혀져 갔다.

아들은 어느 듯 장성하여 집안의 기둥이 되었다. 결혼할 나이가 되었지만 외딴 섬이라 아들의 배필을 구할 수가 없어 걱정이었다. 그러던 어느 날이었다. 장성한 아들이 소매물도가 보이는 산에서 나무를 하다가 소매물도에서 연기가 나는 것을 보았다.

"이상한 일이다. 무인도에서 연기가 나다니."

아들은 이상히 생각하여 집에 돌아와 부모에게 이 사실을 이야기 했다.

"아버지! 사람이 아무도 살지 않는 소매물도에서 연기가 났어요."

부모는 잊고 지냈던 옛날 딸아이의 생각이 났다. 그러나 그 애가 살아 있을 것이라고는 생각 할 수 없었다. 핏덩어리와 같은 어린 것이 무인도에서 혼자 살아남을 수 없기 때문이다.

"너가 아무래도 잘못 봤을 것이다. 내일 다시 한번 봐라."

아들은 다음날 다시 산에 올라 소매물도를 살펴봤다. 그러나 그 날은 나무를 다 하도록 연기가 나지 않았다.

'아버지 말이 맞는가 보다. 내가 헛것을 봤던 모양이구나.'

아들은 이렇게 혼자 생각을 하고 막 산에서 내려오려는데 그때 소매물도에서 연기가 피어올랐던 것이다. 분명 어제와 같은 장소에서 계속하여 피어오르고 있었다. 집에 돌아가 다시 아버지에게 말씀드렸지만 믿으려 하지 않았다.

아들은 아무래도 너무 궁금하여 그냥 있을 수가 없었다.

뒷날 뗏목을 타고 소매물도로 건너갔다. 짐작으로 연기가 나던 곳을 찾았다. 과연 그 곳에는 움막이 있었다. 그리고는 원시인 차림을 한 처녀가 멀리서 자기를 지켜보고 있었다. 이 처녀는 권씨 부부가 갖다 버린 딸로 이들은 남매지간이었지만 이것을 그들은 알 리가 없었다.
　처녀는 처음에는 아들을 경계하다가 먹을 것을 주고 부드럽게 대하자 가까워졌고 외롭고 젊었기에 아무도 가르쳐 주지는 않았지만 곧 사랑에 빠지고 말았다. 그 순간 구름이 몰려오고 비바람이 휘몰아치는 천둥이 내리쳤다.
　남매는 천륜을 어긴 것이다. 그랬기에 그들은 그 죄로 그만 그 자리에서 바위로 변하고 말았다. 비가 멎고 날이 개인 뒤 이들 두 개의 바위는 서로 멀찍이 떨어져 있었다. 그러나 떨어져 있는 바위는 지금도 3년, 6년, 12년, 24년, 48년, 이런 식의 배수가 되는 해에는 서로 굴러서 한밤중에 남몰래 만났다가 해가 뜰 무렵에는 제자리로 돌아간다고 하는데 이 바위들이 만나는 시간에는 비가 쏟아지고 번개가 친다고 한다.
　이 곳 사람들은 이런 슬픈 전설을 가지고 있는 이 바위를 남매바위라 부르고 있다.

경남

울산 윤웅允雄바위

울산광역시 북구 구류동 판지마을. 울산 정자등대의 바로 맞은편에 있는 어촌이다.

이 어촌의 선착장에서 왼편으로 약 500m 거리의 바다 속에 간조 시에만 보이는 길이 10m 정도의 바위가 하얀 포말을 일으키며 누워 있다. 이 암초를 이곳 사람들은 윤웅바위 또는 양반바위라고 부르고 있는데 이 암초에는 옛날부터 미역이 많이 생산 되었던 곳으로 지금도 남해안 일대에서는 유일하게 자연산 미역이 나는 곳이다.

고려 태조 13년930 신라 계변성戒邊城의 호족으로 있던 장무공莊武公박윤웅朴允雄은 신라의 힘이 이미 쇠퇴하여 곧 망할 것이란 것을 미리 알고 최환崔奐이라는 신하를 고려에 보내 항복을 청하여 고려 태조 왕건王建에게 귀부함으로써 고려 건국의 공신이 되었다.

이때부터 울산지방은 사실상 박윤웅의 지배하에 들어갔다.

고려가 후삼국을 통일하면서 하곡河曲, 동진東津, 우풍嗔風, 동안東安 등의 네 현을 합하여 홍려부興麗府로 올리는 동시에 박윤웅에게는 유포柳浦와 농소農所의 땅을 식읍食邑으로 하사하는 한편 유포지금의 판지마을의 미역바위도 하사하게 되었다. 그 후 미역바위는 조선 영조英祖 때까지 장무공의 후손들이 소유하고 있으면서 어민들을 소작인으로 부리고 있었다. 그러다 균역사均役使 박문수朴文秀가 임금으로부터 영남지방에 암행하여 민정을 살피고 오

윤웅바위(양반바위)

라는 명령을 받고 울산도 호부에 왔다가 이 지방에 흥려박씨(興麗朴氏)들이 조상의 훈공을 믿고 지나친 권세를 부리고 있음을 알게 되었다.

조정으로 돌아간 박문수는 이러한 사항을 임금에게 보고하고 유포의 미역바위를 나라에서 거두어 들일 것을 건의하여 이를 환수하기에 이르게 되었다.

그러나 이상하게도 이 해부터 삼년 동안 바다에 흉년이 들어 미역이 되지 않았다. 어민들은 모여 앉기만 하면 왜 이렇게 미역이 되지 않을까를 놓고 나름대로 이런저런 이유들을 말했다.

"이건 아무래도 미역바위를 빼앗긴 장무공의 넋이 노하여 이렇게 된 것 같아."

"그래, 그런 이유말고는 다른 이유가 없어."

어민들 사이에 이런 사실이 진실로 믿어지게 되었다.

어민들은 어느날 동헌으로 도호부사를 찾아갔다.

"계속 되는 미역의 흉작은 아무래도 장무공의 혼신이 노하여서 그렇게 되는 것 같습니다. 그러니 생산 미역의 일부라도 박씨들에게 주어 장무공의 제상에 오르도록 해서 죽은 충신의 혼을 달래 주도록 하여 주십시오."

어민들로부터 간절한 부탁을 받은 도호부사는 이를 감찰사에게 알려 미역바위에서 생산되는 미역의 일부를 박씨들에게 주게 하였다.

그 후 1962년 수협법이 제정되고 어촌계가 생겨나면서 이 미역바위는 분명히 어촌계의 공동어장에 포함 되어야 했는데도 이를 빼어, 어민들은 이를 시정하기 위하여 수십 통의 진정서와 각계요로 찾아다녔지만 관계기관에서는 박정희 대통령의 특별 유시라는 이유로 이를 시정하지 못하고 결국

1970년도 어촌계와 박씨 문중과 소작계약을 하게 되어 지금에 이르게 되었는데, 처음 소작료는 생산 미역 20단 이었으나 지금은 10정도이며 이를 받은 박씨문중에서는 박윤웅 시제시 유생들에게 나누어 주고 있다고 한다.

아무튼 지금 이 계약이 법적으로 효력이 있는지는 알 수 없으나 도저히 이해가 가지 않는 군주시대의 잔재가 이곳에는 아직 남아있다.

통영 연화도

경남 통영시 욕지면 연화리. 통영의 여객선 터미널에서 쾌속선으로 50분 거리에 있는 면적 3.41평방킬로미터, 인구 200여명의 작은 섬이다. 이 섬의 가장 높은 산인 낙가산의 연화봉(깃대봉)에는 동민들이 동제를 지내는 산신각이 있다. 이 산신각에는 고승인 연화도인이 손가락으로 썼다는 부(富), 길(吉), 재(財)란 글씨가 바위에 새겨져 있고 그가 부처로 모셨던 한 아름 정도 되는 둥근 바위가 모셔져 있다. 이곳에서 50여 미터 아래쪽에는 연화도인이 수도를 했다는 토굴 터와 사명대사가 수도를 했다는 토굴 터가 나란히 자리하고 있어 이곳이 불교의 유적지임을 말해주고 있다.

지금으로부터 사백 여 년 전, 조선조 10대 임금 연산군은 불교를 억제하는 정책을 폈다.

당시 한양에는 실리암이라는 절이 있었는데 이 절에 고승 한분이 계셨다. 이 고승은 연산군의 억불 정책이 더욱 강화되자 더 이상 한양에 있을 수 없음을 알고는 자기를 따르던 세 명의 비구(상좌)와 함께 여러 곳을 다니며 신령스럽고 상서로운 관음도장을 찾다가 이 연화도를 찾아와 땅굴을 파고 은둔 생활을 하게 되었다.

고승은 은둔 생활을 하면서 연화도의 낙가산 연화봉(깃대봉)에 한양의 실리암과 같은 실리암을 세우고 부처를 구할 수 없어 돌을 갖다 놓고 수도를 하였다. 그러다 세월이 흘러 어느 날 고승은 입적을 하게 되었는데 입적 직전

상좌를 불러 들였다.

"내가 곧 입적하게 될 것이니 시신은 수장水葬토록 해라."
고승의 유언에 따라 상좌는 연화도 바다에 수장을 했다. 잠시 후 수장을 한 바다에서 한 떨기 아름다운 연꽃이 피어오르면서 고승은 승천을 하였다. 이때부터 이곳을 연화도라 하고 고승을 연화도인이라 부르게 되었다.

이후 해탈을 위해 길을 찾던 사명대사도 이곳에 와서 토굴을 파고 수도를 했는데 그를 찾아 전국을 헤매던 대사의 누이 보운과 대사의 약혼녀였던 보현, 그리고 남몰래 대사를 사모했던 보월 등 세 명의 처녀가 사명대사가 이곳에 있다는 소문을 듣고 이 섬으로 건너오게 되었다. 그러나 남다른 예지로 미래를 내다볼 수 있었던 대사는 앞으로 임진왜란이 일어날 것이라는 것을 알고는 해탈의 길을 중단하고 이를 대비하기 위하여 남해의 섬을 두루 살펴보고 서산대사를 만나러 묘향산으로 떠난 뒤였다. 세 여승은 어쩔 수 없이 연화도에 그대로 눌러 앉아 출가를 하였다. 그때 이들은 이곳에서 '해상사호'라는 도인을 만나 신통력을 전수 받게 되었다. 이 신통력을 받은 이후 세 여승은 우연히 이순신 장군을 만나게 되었는데, 이때 도인에게서 전수 받은 해상지리법과 천풍기상법을 상세히 전해주었다. 후일 이것이 큰 도움이 되어 이순신 장군은 승전을 거듭하게 되었다. 그래서 이순신 장군은 이 세 여승을 자운선사라 불렀다고 한다.

이후 섬사람들은 연화봉의 실리암 자리였던 곳에 산신각을 짓고 연화도인이 부처로 모셨던 둥근 바위와 손가락으로 썼다는 富. 吉. 財란 글씨를 모셔 놓고 해마다 정초에 날을 받아 풍어와 무사 안녕을 기원하는 동제를 지내오고 있다.

또한 이곳에는 연화사라는 새로운 절이 세워져 이 절에서 연화도인의 토굴 터와 사명대사의 토굴 터를 보호 관리하고 있다.

연화사에서는 연화도인이 남긴 남해의 절경을 읊은 시와 고산스님께서 남긴 연화도의 절경을 읊은 시가 남아있다.

연화도 실리암 자리에 있는 산신각

연화장 세계를 알고자 할진대 처음과 마침을 세존에게 물어라
신령스럽고 상서로운 관음도량에 주불은 아미타 부처님이시라
위하여 증명을 지어시니 기도를 드리면 가피를 얻고
미묘하신 법문을 원만히 설하시니 광명이 시방세계에 비침이로다.
불법을 곳곳에 유출해서 법을 전하여 중생을 제도하시니
보고 듣고 생각하는 사이에 티끌세계를 여의고 보리를 이루는 도다.
남해의 넓고 아득한 곳에 도량은 십만 리라.
천천 만만세에 영원히 다함 없이 전하리라

- 연화도인이 남해의 절묘한 경치를 읊은 시 -

남해의 절묘한 경치인 보타산은
관음보살님의 항상 머무시는 곳일러라.
연화도인과 사명대사께서
이곳에 도를 얻어 중생을 제도 하셨도다.

- 고산스님이 연화도의 절묘한 경치를 읊은 시 -

경남

수우도 설능장군

경남 통영시 사량면 돈지리 286번지, 면적 157ha에 인구 50여명이 사는 수우도란 섬이다. 삼천포항에서 바라다 보이기는 하지만 배를 타고 40여분 가야 이 섬에 도착한다. 섬 전체가 천왕봉이란 삿갓 같은 산으로 되어 있어 동네가 있는 곳을 제외하면 해안이 절벽으로 형성되어 있어 아름답기가 그지없다.

이 섬의 선착장에 내려 35여 호의 집들이 모여 있는 마을을 지나 사량초등학교 분교 뒷 편 큰 정자나무 아래로 가면 4평정도 되는 낡고 초라한 사당이 한 채가 있다. 이 사당이 설능장군 초상화를 모신 지령사至靈祠란 사당이다.

옛날 수우도에 사람들이 몇 살지 않을 때의 일이다. 동네 사람들은 고기를 잡거나 해초를 뜯으면서 평화롭게 살았다. 그러나 섬에 사람이 너무 적어 모두 자식이 많이 태어나기를 고대했고 또 자식이 태어나면 온 동네의 경사로 여겼다. 이러한 동네의 사정에도 불구하고 어느 한 가정에는 자식이 없었다. 그래서 그 가정의 부부는 밤낮으로 걱정을 하고 있었는데 하루는 동네 사람들이 섬에서 제일 높은 천왕봉해발150m에 올라가 한번 빌어보라고 권했다. 따로 어떤 방법도 없기에 동네 사람들의 권유대로 매일 첫새벽에 천왕봉에 올라 자식 하나만 얻게 해 달라고 지극정성으로 빌었다. 빌기가 끝나면 멀리 떠 있는 세존도를 향하여 절을 하고 또 남해 금산을 향하여 절을 했다.
 이런 정성 때문인지 드디어 부인에게 태기가 있었다. 이 소식을 들은 동네 사람들은 자기 일처럼 모두 기뻐하고 축하를 하였다. 바닷가에서 조개를 잡아도 큰놈을 골라 가져오고 생선을 잡아도 맛있는 것은 부인에게 가져왔다. 부인은 아이를 가지고 있는 동안은 바깥에 나가 일을 하지 않아도 되었다. 동네 사람들이 갖다 주는 음식만 가지고도 충분히 먹고 살 수 있었다.
 부인과 남편은 마을 사람들의 축복 속에 아기의 출생 날짜만 기다리며 즐거운 나날을 보냈다. 그러던 어느 날 기다리고 기다리던 옥동자를 드디어 출산하게 되었다. 그 옥동자는 골격이 보통 아이들 보다 훨씬 컸고, 부릅뜬 눈이라던지 움켜쥔 주먹 등으로 봐서 분명 장군감이었다.
 그 아이는 놀랄 만큼 빠르게 자라 돌이 지나자 벌써 헤엄을 치기 시작했다. 그리고는 곧 암초와 암초 사이를 나르는 것 같이 뛰어다니는가 하면 물 밑으로 잠수를 하면 보통 사람들 보다 몇 배를 잠수하면서 건너편 섬에서 불쑥 나오기도 했다. 보통 사람으로서는 도저히 상상할 수 없는 행동이었다.
 섬 사람들은 모두 장군이 태어났다고 좋아라 했지만 부모로서는 점점 불안해지기 시작했다. 아무리 장군감이라지만 물속에서 몇 시간씩 있다는 것은 이해하기 힘든 일이었기 때문이다.
 어느 날 밤이었다. 아들이 곤하게 잠자는 모습을 보고 있던 어머니는 섬뜩함을 느꼈다. 아들의 잠자는 모습이 순간순간 흉악하게 변하는 것이었다. 사람도 물고기도 아닌 모습이었다. 그의 어머니는 이런 모습이 너무 괴이쩍어 이 자식을 얻기 위해 빌었던 천왕봉으로 올라갔다.
 "천지만물을 점지시켜준 천황상제 옥황상제님, 바다의 용왕님, 산의 산신령님, 우리 아들이 아무 탈 없이 자라도록 빌고 또 빕니다."
 부인은 이렇게 빌고 또 빌다가 지쳐 잠이 들었다. 잠든 사이 꿈에 산신령이 나타났다.
 "그대의 아이는 태어난 시간이 나쁘다. 장군으로 태어날 몸이건만 시를 잘못 택해 역적이 될 운명이구나. 아들은 시운을 잘못 만난 설능 장군이요. 장군의 이름이 설능이오."
　이렇게 말을 하는 것이었다.
　어머니는 산신령님께 애원하였다.
　"산신령님 그렇다면 아들을 구해 낼 방도가 없을까요. 제발 방도만 가르쳐 주시면 온갖 정성을 다해 그 방도를 따르겠습니다."
　그러나 산신령은 고개만 절래 절래 흔들었다.
"특별한 방법은 없구려. 그저 집에서 장군이라 불러 역모를 계획하지 않도록 운세를 바꾸는 데나 힘쓸 일이요."
　산신령은 이렇게만 말을 하였다.
　어머니는 다시 산신령에 물었다.
　"그러면 역적은 되지 않을까요?"
　산신령은 역시 어두운 표정으로 대답을 했다.
　"글쎄, 아마 역적은 되지 않을지 몰라도 죽음은 역적이나 다름 없이 맞게 될 것이오."
　이 말을 들은 어머니는 낙담을 하고 주저앉고 말았다.
　"산신령님 제발 살려주십시오."
　어머니는 낙담만 하고 주저앉을 수만 없어서 한번 더 애원을 했다.
　"그렇다면 아들에게 부채를 하나 만들어 주시오. 될 수 있는 대로 크고 질긴 것으로 하여 항상 그것을 가지고 놀게 하시오."
　"그러면 역적의 죽음은 면하게 될까요."
　"그 부채로 나쁜 운세는 부처내고 좋은 운세는 부처 들여야지. 그건 설능 장군이 알아서 할 일이니까."
　산신령은 이렇게 마지막 말을 남기고는 홀연히 안개 속으로 사라졌다.
　꿈을 깬 어머니는 힘없이 산에서 내려와 남편에게 산신령 이야기를 했다. 남편은 부인 이야기를 듣고는 한숨으로 며칠을 보내다 아무래도 그냥 있을 수가 없었던지 그 때부터 부채를 만들기 시작했다. 질기고도 큰 것을 만드

수우도 설능장군 사당

는데 석달 열흘이 걸렸다. 부채가 다 완성되었을 때는 설능장군도 상당히 자랐다. 그래서 부채는 설능장군의 손에 잡혀졌다. 그는 일곱 여덟 살 때에 이미 이 부채를 자유자재로 부치게 되었으며, 부채를 부치면 욕지도 부근의 작은 섬에 있는 소나무가 휘청거리는 것이었다.

  설능장군은 매일 같이 바다를 헤엄쳐 다니면서 고기를 잡기도하고 고기와 같이 헤엄치며 놀기도 했다. 그런데 이상한 것은 어릴 때부터 움푹움푹 패인 가슴이 바다에만 들어가면 아가미로 변하는 것이었다. 그러니까 그는 바다에서나 육지에서나 생활하는데 별다른 지장이 없었던 것이다.

  설능장군이 20세가 되었을 때 그의 주된 생활 근거지는 바다가 되었다. 그러다 보니 자기를 따르는 뱃사람들이 많았다. 그는 이런 뱃사람들을 모아 해적단을 만들었다. 이런 그를 부모가 나무라자 그는 집을 뛰쳐나와 집과의 인연을 끊고 수우도와 사량도를 중심으로 인근 섬들을 무대로 신출귀몰하는 해적의 두목이 되었다.

이 무렵 우리나라 남해안에 왜구들의 노략질이 점점 심해져갔다. 남해안의 곡창인 전라도와 곡성 등에서 노략질한 곡식을 실은 왜선들이 사량도와 수우도 앞을 지나가기도 했다. 이럴 때는 설능장군은 바다에서 놀다가도 수우도의 천왕봉에 펄쩍 뛰어올라 큰 부채를 펴고 왜선들을 보고 살래살래 부채질을 했다. 그러면 일본으로 가던 약탈 왜선은 빨려들 듯이 끌려왔다. 끌려 온 왜선에서 노략질한 곡식과 물건들을 전부 빼앗았다. 이 때 순순히 응하는 배는 가만히 부채질을 해서 일본으로 내 쫓았지만 순순히 응하지 않는 배는 부채를 거세게 부쳐 파도를 일으켜 조난을 당하게 했다.

이렇게 빼앗은 곡식은 섬사람들에게 나누어 주어 섬사람들이 풍족한 생활을 할 수 있게 했다. 왜구들은 이런 설능장군이 무서워 수우도를 멀리 돌아가기도 했으나 이도 그에게는 용납되지 않았다. 이러다 보니 설능장군이 비록 해적의 두목이었지만 섬사람들에게는 의적이었고 섬을 지켜 주는 수호신과도 같은 존재로 추앙받았다.

그러나 조정에서는 이상한 소문을 듣게 되었다. 반은 사람이고 반은 물고기인 해괴 망측한 반인 반어가 남해안을 휩쓸고 다니면서 가는 배 오는 배를 괴롭힌다는 것이다. 어부들은 이것이 무서워 고기잡이를 못하고 굶고 있다는 것이었다.

조정에서는 즉각 이 괴물을 체포하라는 명령이 내려졌다.

졸개들이 풀려 욕지도 일대를 뒤졌지만 그렇게 쉽게 잡힐 설능장군이 아니었다. 원정군까지 투입됐지만 쉽게 잡히지 않았을 뿐 아니라 오히려 설능장군은 관아를 역습하여 판관 부인을 앗아서 국도에다 숨겨 두고 아내로 삼아 자식까지 두었다. 그러나 부인은 틈만 있으면 탈출할 기회를 노렸다. 그러다 설능장군이 잠든 틈을 타 아이를 통나무 속에 넣어 육지로 띄워 보내고 관군에 연락하여 그를 생포하게 했다. 설능장군은 한번 잠이 들면 며칠을 계속 잤기 때문에 부인이 기회를 노렸던 것이다. 결국 설능장군은 운이 다 되어 잡히게 되었고 극형에 처해지게 되었다.

　이곳 섬사람들은 비록 해적이었지만 그의 죽음을 안타깝게 생각했다. 그가 죽은 뒤 왜구들의 노략질이 극심했기 때문이었다. 그래서 섬사람들은 그의 제각을 마련하고 제사를 지내 그의 영혼이나마 왜구를 무찔러 달라고 빌었다고 한다.

　지금도 이 곳 섬사람들은 좋은 고기를 잡으면 장군의 제각 뒤 정자나무에 걸어둔다고 한다. 그러면 얼마 뒤 뼈만 앙상하게 남는다고 한다. 또한 장군의 제사를 잘 지내면 섬의 안녕과 풍어가 든다고 전한다. 결국 설능장군은 수우도의 수호신이 되어 이십년 전까지만 하더라도 매년 제사를 지냈지만 지금은 삼년마다 음력 10월 15일에 스님을 제주로 하여 제를 지낸다고 한다.

　이 곳 주민에 위하면 이 전설은 옛날 관군 한 사람이 죄를 짓고 이곳에 숨어 들어와 살았던 것이 전설이 되지 않았나 하고 추정하고 있다.

경남

철립 쓴 비구니

 옛날, 통영에 삼도 수군 통제영을 설치하기 위하여 큰 역사가 시작되었을 때라고 전해져 온다.
 세병관을 짓기 위하여 수많은 군사들이 동원되었다.
 우선 터를 닦아 고르고 나서 주춧돌을 박고, 아름드리 큰 두리기둥을 세우게 되었다.
 그런데 장정 수십 명이 달라붙어 겨우 기둥 하나를 세우고 나면 금방 넘어지고, 또 세우면 넘어지기를 반복하다 보니 기둥 하나도 세우지 못하고 하루해가 저물고 말았다.
 "참, 별 일이 다 있네."
 "이 무슨 곡절인고?"
 사람들은 기가 막혀 입을 다물 줄 몰랐다.
 그때였다.
 "모두들 이제 기둥 세우는 일을 그만두어라. 아무래도 사람의 힘으로는 어쩔 도리가 없는 듯하다. 일을 멈추고 즉시 제물을 차려 고사를 지낼 차비를 서둘러라."
 통제사의 명령이 떨어졌다.
 부하들은 명을 받아 얼른 고사를 지낼 제물을 차렸다.
 "천지신명이시여! 저 잔악한 왜적무리의 침략을 막아내기 위하여 삼도수군 통제영을 이곳에 세우려 합니다. 여기에 세병관을 지어 우리 조선 수군

통영시 세병관

의 총 본영으로 삼고자 하오니 부디 굽어 살피시고 노여움을 푸십시오. 그리고 부디 이 땅을 허락하여 주옵소서."

하고 통제사가 엎드려 빌며 절을 올렸다.

다음으로 술잔을 쏟아 토지신께도 "꼬시래고수래"를 했다.

그날 밤이었다.

통제사의 꿈에 근엄하게 생긴 한 백발노인이 나타났다.

"만백성을 구하고자 세병관을 세운다니 내 비록 허락은 하겠으나, 그보다 먼저 내가 일러주는 비방을 꼭 지켜야 하느니라. 알아듣겠느냐?"

통제사는 흠칫 놀라며,

"세병관을 이 자리에 세울 수 있다면 신령님의 말씀에 따르겠습니다."

하고 대답하였다.

"그 터의 한가운데를 깊이 파면 물이 솟아 우물이 생길 것이니라. 그런 뒤에 사시오전 10시가 되면 이곳 입구에 철립쇠갓을 쓴 사람이 지나갈 터이니 그를 잡아다 우물에 집어넣고는 고사를 지내도록 해라. 그러면 뜻대로 세병관을 지을 수 있을 것이다."

하고는 홀연히 사라졌다.

그 신령의 말이었다.

온몸에 식은땀을 흘리며 놀라 잠에서 깨어난 통제사는 꼭두새벽부터 장졸들을 동원하였다.

그리고 서둘러 우물을 파게 하였는데 과연 신령의 말과 같이 물이 솟구쳐 올랐다.

우물을 완성하고 나서 통제사는 군관들과 함께 언덕 위의 빈터에 앉아 초조하게 사시가 되기를 기다리고 있었다.

아니나 다를까, 과연 사시가 되니 저 멀리 아랫길로 커다란 쇠갓을 쓴 사람이 하나 힘겹게 언덕 위로 올라오고 있었다.

"여봐라, 군관들은 당장 저 사람을 포박하여 내 앞에 대령토록 하라!"

통제사는 이렇게 군관들에게 호령했다.

몸을 부르르 떨며 통제사 앞에 잡혀온 사람은 뜻밖에도 무쇠 가마솥 뚜껑을 이고 삼월삼짓날 꽃부침을 해먹으려고 하던 연약한 비구니였다.

"대감, 절에서 삼짓날 꽃부침을 해먹으려고 하는 사람을 포박하다니요? 무슨 죄로 죽는지 알기나 합시다."

비구니의 말이 주변의 군사들에게 애절하게 들렸다.

하지만 이미 통제사의 영이 떨어진 뒤였다.

비구니는 가련하게도 군사들이 다 파놓은 우물에 빠져 희생될 수 밖에 없었다.

참으로 안타깝고 가련한 사연이었다.

그런 뒤에야 비로소 거대한 세병관 건물의 창건공사가 순조롭게 진행되었다고 한다.

경북

경주 석탈해왕昔脫解王 탄강지誕降地
영덕의 거무역리居無役里
영일만 연오랑延烏郞과 세오녀細烏女
울릉도 성하신당聖霞神堂
울릉도 열녀비
축산 영의남공유허비英毅南公遺墟碑

경주 석탈해왕 昔脫解王
탄강지 誕降地

경북 경주시 양남면 나아리. 월성해수욕장과 월성원자력발전소 앞 솔밭 공원 안에 경북 기념물 제 79호로 지정된 신라 제 4대 왕인 석탈해왕의 탄강 유허비와 비각이 세워져 있다.

신라 시조 박혁거세가 서라벌을 다스린지 40 여년이 되어갈 무렵 아진포 지금의 탄강비가 있는 앞바다에서 고기잡이를 하는 아진의선이라는 늙은 과부가 있었다.

아진의선은 다른 남정네들처럼 배를 타고 먼바다까지는 가지 못하고 가까운 포구에서 어살을 치고 통발이나 가리 같은 간단한 어구들로 작은 고기들이나 잡으면서 간신히 먹고 살았다.

이미 할머니가 된 나이였지만 자식이 없는 몸이라 스스로 손발을 움직여야만 끼니를 이어 갈 수 있는 형편이었던 것이다.

그런데 하루는 혼자 포구로 나가 가리질을 하고 있는데 난데없이 까치 수십 마리가 모여 파닥거리며 솟구치고 있는 곳이 눈에 띄었다. 고기떼가 밀려오면 갈매기가 솟구치는 것은 보아도 바다가 까치가 모여 있는 것은 처음 보는 것이라 그 곳을 바라보니 바위 같은 것이 솟아 있었다.

"이상한 일이다. 저 곳에 바위가 있을 리 없는데…"

거의 날마다 바라보는 바다인지라 거기에 바위가 없다는 것을 너무나 잘 알고 있기에 다시 한 번 눈을 비비며 살펴 보았다. 그것은 바위가 아니었다.

석탈해왕 탄강지 제각

배 같기도 하고 커다란 궤짝 같기도 한것이 해변으로 떠밀려 오고 있었다. 이상하여 지켜보고 있으니까 그 물건은 아진의선이 있는 쪽으로 가까이 다가왔다. 어지러이 날고 있는 까치들은 이 물건을 아진의선이 있는 곳으로 인도하고 있는 것 같았다. 아무튼 아진의선은 까치라는 새가 흉조가 아닌 길조라는 사실을 알고 있으므로 기대를 가지고 그 궤짝 같은 것이 가까이 오기를 기다리고 있었다.

가까이 온 궤짝을 자세히 살펴보니 그것은 궤짝 같이 만든 배였다. 배 안에는 금박으로 된 조그만 궤짝이 또 놓여 있었다. 까치들은 이 금박궤를 중심으로 계속하여 맴돌며 궤짝배와 같이 오다가 아진의선 앞에 오자 다 날아가고 한 마리만 남아 금박궤짝 위를 맴돌고 있었다. 아진의선은 해안에 있던 동아줄을 한 손에 쥐고 한 손은 치마를 거머쥐며 다가 온 궤짝배로 가서 이물에 줄을 묶어 인적이 드문 숲이 있는 곳으로 끌고 갔다. 주위를 살핀 뒤 아무도 없는 것을 확인하고는 궤짝배에 올랐다. 그리고 금박궤를 열어 보려 했지만 가슴이 두근거리고 손이 떨려 도저히 열어 볼 수가 없었다. 그래서 우선 아무도 보지 못하도록 나뭇가지를 꺾어 와 금박궤짝을 덮어 놓고는 집으로 돌아왔다.

집에 돌아온 아진의선은 그 금박궤짝 안에 무엇이 들었는가 궁금하여 밤새 잠을 이루지 못하다가 새벽녘에야 잠시 눈을 붙였는데 꿈에 온 몸이 용의 비늘로 뒤덮힌 노인 한 사람이 나타났다. 사람으로 변한 용인지 용이 변한 사람인지 분간이 가지 않는 그 노인은 백발이 성성한 머리를 하고 불 같은 눈으로 아진의선을 바라보았다. 아진의선은 낮에 궤짝배를 마음대로 끌고 간 것을 꾸짖기 위하여 나타난 줄 알고 두려워 떨며 노인 앞에 무릎을 꿇었다.

"누구시옵니까?"

"함달파含達婆의 아버지다."

아진의선으로서는 함달파란 사람도 모르는데 그 아버지를 알턱이 없었다.

"함달파가 누구시옵니까?"

"지금 용성국龍城國의 임금이 함달파이다."

"용성국이란 어디에 있는 나라이옵니까?"

"왜국에서 동북 쪽으로 일천 리 떨어진 곳에 있다. 내 아들 함달파가 다섯 살 때부터 용성국의 임금의 자리에 올라 백성들의 성품을 바르게 세우기 위해 그들을 가르쳐 오다가 나이가 차서 적녀국積女國의 공주와 결혼을 하였다. 그런데 7년이 지나도록 아들이 없어 정성을 드렸더니 마침내 왕비가 임신을 하게 되었다. 용성국 국민들이 모두 왕자 얻기를 기다리던 중에 왕비가 해산을 하게 되었다. 그러나 왕비가 낳은 것은 아들이 아니라 커다란 알이었다."

아진의선은 노인이 왜 이런 말을 자기에게 하고 있나 의아해지지 않을 수 없었다.

"용성국의 왕비가 알을 낳은 것과 이 아진포의 늙은이와 무슨 상관이 있다는 말씀이십니까?"

"내 이야기를 좀더 들어 보라. 그래 내 아들 함달파는 아내가 알을 낳은 것을 보고 크게 당황하여 신하들을 불러 모아 어떻게 하면 좋을까를 의논하였다. 신하들의 의견은 사람으로서 알을 낳는 것은 아무래도 상서롭지가

석탈해왕 탄강지 제각

않으니 알을 버리는 쪽으로 기울어졌다. 함달파도 그 의견을 받아들여 알을 내다 버리기로 하였다. 내다 버리되 용성국에서 될 수 있으면 멀리 보내기 위해 배를 만들어 바다에 띄어 보내기로 하였다. 왕비는 비단보에 알을 싸서 궤짝에 넣고 금, 은, 유리, 수정, 백산호, 진주, 흙청옥, 마노 등 각종 보석들도 함께 넣었다.

그 궤짝을 배에 실어 바다로 띄어 보내면서 왕비가 어찌나 슬피 우는지 옥황상제와 같이 있는 나의 귀에까지 그 울음소리가 들려와 내 마음을 찢어 놓았다. 나는 옥황상제께 말씀 드려 알에서 깨어날 아들을 맡아 기를 여인을 예비해 달라고 부탁하였는데 옥황상제는 아진포에 있는 아진의선이란 과부를 지적해 주셨다. 그래서 그 배가 가락국 왕이 북을 치면서 영접하는데도 가락국으로 흘러들지 않고 여기 아진포로 오게 되었느니라."

여기까지 말을 하고 노인은 홀연히 사라지고 말았다.

아진의선은 날이 밝자 궤짝배에 올라 나뭇가지를 치우고 금박궤를 열었다. 과연 궤짝 안에는 각종 보석이 찬란하게 빛을 내고 있었고 그 옆에는 아이 하나가 깊이 잠이 들어 있었다. 아이 옆으로 알 껍질이 널려 있는 것을 봐서 틀림 없이 아이가 알을 깨고 나왔다는 것을 알 수 있었다.

그 때 까지도 어제부터 궤짝 주위를 맴돌고 있던 까치가 날고 있었다.

아진의선은 알을 덮었던 것으로 보이는 붉은 비단보에다가 갖가지 보물들을 싸가지고 아이와 함께 가슴에 안고 집으로 돌아 왔다.

그 후 아진의선은 동네 사람들에게 누가 아이를 집 앞에 버리고 가서 자식 삼아 기르게 되었다고 말을 하였다. 섣불리 아이의 내력에 대하여 말을 퍼뜨리면 아이의 신상에 화가 미칠지도 모른다고 생각했던 것이었다. 사람들은 자식도 남편도 없는 아진의선을 하늘이 돌보아 주었다고 말들을 했다.

아진의선은 궤짝에 들었던 보물들은 아이가 자라면 돌려주기로 하고 집 기둥 옆에다가 몰래 묻어 두고는 아무리 살림이 어려워도 파내어 팔아 쓰지는 않았다.

아이는 무럭무럭 자라 기골이 장대하게 되고 얼굴에 비범한 기운이 감도는 인물이 되어갔다.

아진의선은 아이의 이름을 임시로 토캐라고 부르며 정성을 다하여 키우다 정식 이름과 성을 갖추어야 할 나이가 되었을 때가 되어 작명을 잘 하기로 유명한 어떤 노인을 찾아갔다. 비밀로 해 달라는 신신당부와 함께 그 노인에게 작명에 참고로 하라고 아이의 내력에 대하여 대략 이야기를 해주었다. 그랬더니 성은 까치가 날았다고 하여 까지작鵲에서 새조鳥변을 떼어 낸 석昔으로 하고 이름은 궤짝에서 나왔다고 하여 탈해라 지어 주었다.

이 아이가 신라 4대 왕인 석탈해왕이다.

경북

영덕 거무역리 居無役里

경북 영덕군 병곡면 거무역리. 영해에서 십 리쯤 울진방향으로 국도를 따라 가다 보면 오른편 산 밑으로 보이는 조그만 마을이 거무역다. 마을 앞으로는 제법 큰 들판이 있고 그 들판 너머에 우거진 방풍림과 대진 해수욕장에 잇닿은 짙푸른 바다가 열려 있다. 이 바다가 거무역리 해안이다.

어느 해 거무역리 해안에서 보기 드문 큰 거북이 어부들의 손에 잡히고 말았다. 어부들은 이 거북을 가운데 놓고 매질을 하는 등 온갖 장난을 하고 있었다. 이때 마침 안염사按廉使의 벼슬을 받고 여러 고을을 순행하던 이곳 출신 박세통이 이 광경을 보게 되었다. 비록 미물이지만 불쌍한 생각이 들어 자세히 살펴봤더니 거북이의 등에 특이하게도 임금 왕王 자字가 새겨져있었다. 안염사는 이를 기이하게 여겨 어부들에게 후하게 삯을 쳐주고 이 거북을 사서 배 두 척으로 바다로 끌어내 살려 주었다.

그런데 그 날밤 객사에서 곤하게 잠을 자는 박세통의 꿈에 백발 노인이 나타나 정중히 절을 하였다.

"나는 용궁에 살고 있는데 오늘 살려 준 거북은 내 자식이오. 오늘의 은덕에 감은하여 공의 집안에 대대로 정승이 되는 영광을 베풀도록 하겠소."

이렇게 말을 하고는 홀연히 사라졌다. 안염사는 이상한 꿈이라고 생각은 했지만 금새 잊어버리고 다음 순행지인 경기도 양주楊洲읍에 이르러 양주 목사 집에 유하게 되었다. 이때 양주 사람들은 안염사를 특별히 대접한

영덕 거무역리 삼대 시중의 신도비 제각

다고 저녁 식사에 자라요리를 드렸다. 맛있게 저녁식사를 마친 안염사가 잠자리에 들자 또다시 백발 노인이 나타났다.

"오늘 저녁에 공께서 드신 자라가 저의 딸이었습니다. 내일 아침에는 저의 둘째 아들이 공의 아침 반찬에 올라 갈 것 같으니 한번 더 살려 주시오."

또다시 이렇게 말을 하고는 사라졌다.

안염사는 꿈을 깨자 즉시 아전을 불러 물었다.

"어제 저녁 반찬이 뭣이었더냐?"

"네. 자라였습니다."

"그럼 오늘 아침 반찬은 뭣으로 준비하느냐?"

"자라이옵니다."

어제 저녁 반찬도 자라였고 오늘 아침 반찬도 자라라는 것이다.

안염사는 즉시 부엌으로 가 물통 속의 자라를 살펴 봤다. 복부에 왕王자가 또렷이 보였다.

안염사는 이 자라를 공손히 다루어 큰 내에 풀어 주었다. 그랬더니 그날 저녁 꿈에 또 다시 노인이 나타났다.

"공께서 저의 둘째 아들마저 살려 주셨으니 제가 삼강三江칠택七澤과 같이 방책方策을 꾀하여 꼭 대대로 고려 재상이 되게 하겠습니다."

이렇게 말을 하며 감사의 절을 하고 사라졌다. 그 뒤 과연 그는 문하시중 평장사에 이르고, 그의 아들 홍무洪武는 밀직사가 되었다. 그러나 그의 손자 함諴은 도무지 승진이 되지 않아 매일 주색으로 화풀이만 하다가 하루

영덕의 거무역리

는「거북아 거북아 속이지 마라, 삼대 재상은 거짓말이다」龜乎龜乎 莫欺瞞 三世相虛語焉라는 시를 지었다. 그랬더니 그 날 밤 꿈에 백발 노인이 나타나서 심하게 꾸중을 하였다.

"공이 매일같이 주색에 빠짐으로써 스스로가 복을 감하게 한 것이지 내가 어찌 망덕한 것이랴. 그러나 앞으로 주색을 멀리하고 바른 자세를 가진다면 기쁨이 있을 것이다."

이렇게 꾸중을 들은 손자 함은 그제야 깨닫고 학업에 더욱 정진하여 결국 정승의 반열에 올랐다.

노인의 예언대로 박세통의 삼대는 차례로 시중, 밀직사密直使, 복사관僕射官이 되었던 것이다. 이후 고려 제 31대 공민왕恭愍王 1351 - 1374때 이 곳에서 삼대의 재상이 났다고 하여 이 곳 주민들에게는 부역을 면제하였으며 동네 이름 또한 거무역居無役이라는 호를 내려 주셨다고 한다.

동네 입구 거무역 구지舊址에는 삼대시중의 신도비神道碑가 있는 제각이 서 있다.

영일만 연오랑延烏郎과 세오녀細烏女

경북 포항시 동해면 도구 2리. 큰 도로에서 300여 미터 되는 솔 숲 속에 일월사당이라는 연호랑과 세오녀를 모신 사당이 있다. 또한 호랑이 형상을 지닌 한반도의 꼬리부분에 해당되는 포항시 남구 대보면 대보리 장기곶, 우리나라에서 해가 제일 먼저 뜨는 이 곳에는 신라의 일월신인 연오랑과 세오녀의 동상이 서 있다.

신라 제 8대 아달라왕 4년157년에 지금의 포항시 남구 동해면 도구리 어촌에 원앙처럼 의좋은 부부가 살았다.

남편인 연오랑은 사물의 이치를 알고 판단을 정확히 하여 동네 분쟁이 있을 때는 이를 신속히 해결하였고 아내 세오녀는 어여쁘고 덕이 있어 주위 사람들이 이들 부부를 해와 달처럼 우러러 보았다.

어느 날 연오랑이 바다에 나가 고기를 잡던 중 갑자기 해일이 일어 났다. 연오랑은 너무나 급하게 당한 일이라 정신 차릴 사이도 없이 그만 파도에 휩쓸려 먼 바다로 떠내려 가고 말았다. 얼마쯤 떠내려가다 정신을 차려 보니 큰 바위가 앞에 나타났다. 있는 힘을 다하여 바위에 올라타니 바위는 쏜살같이 동쪽으로 달려 일본의 한 해변가에 닿았다.

기진맥진하여 해변에 내리니 부락민들이 모여들어 무슨 말인가 말들을 했지만 말이 통할리 없었다. 그래서 손과 발짓으로 종이와 붓을 가져오도록 하여 필담을 하였다. 필담으로 의사가 통하게 되자 자기가 해일을 만나

포항 연오랑과 세오녀의 일월 신당

바위배를 타고 여기에 온 것을 이야기 하고 고향에 아내가 있으니 고향으로 돌아가게 해 달라고 사정을 하였다.
 그러나 연오랑의 필적을 본 부락민들은 이에 감탄하여 부족장에게 이분을 우리 부락의 스승으로 모시자고 하였다. 부족장도 이에 동조하여 자기네들의 스승이 되어 달라고 부탁을 하게 되었다. 그러나 연오랑은 고향에 아내가 애타게 기다린다고 이를 거절하고 돌려보내 줄 것을 다시 한번 간청하였지만 소용이 없었다.
 연오랑은 어쩔 수 없이 부락의 스승이 되었다.
 한편 매일 바닷가에 나가 남편을 애타게 기다리던 세오녀는 어느 날 바닷가로 큰 바위가 배처럼 둥둥 떠오는 것을 보았다. 이상히 여겨 가까이 다가갔더니 연오랑의 신발이 그 곳에 있었다. 세오녀가 반가워 그 신발을 가지려 바위에 오르니 바위는 쏜살같이 달려 연오랑이 도착한 일본의 해안으로 갔다. 일본의 해안에 도착한 세오녀는 부락민들에 잡혀 부족장에게 끌려 가게 되었다. 부족장은 끌려 온 세오녀의 아름다움을 보고 마침 연오랑 스승이 혼자 있어 외롭다는 것을 알고는 세오녀를 연오랑에게 데리고 가게 되어 두 부부는 극적으로 만나게 되었던 것이다.

연오랑과 세오녀가 떠난 신라에서는 왠일인지 해와 달이 그 빛을 잃었고 날씨도 음산해져 농사도 제대로 되지 않았다. 임금이 일관을 불러 그 사유를 물었다.

"일월의 정기인 연오랑과 달의 정기인 세오녀를 천신께서 일본으로 보내서 그러하옵니다."

"그렇다면 어떻게 해야 하느냐?"

"다시 그분들을 모셔 와야 합니다."

임금은 즉시 사신을 일본으로 보내어 연오랑과 세오녀를 모셔오도록 하였다. 그러나 연오랑과 세오녀는 이 곳 사람들의 도움으로 살아났고 또 이 곳 사람들에게 스승으로 존경받고 있는 처지에 어찌 이 곳을 떠날 수 있겠느냐고 말했다 대신 세오녀가 짜 놓은 비단 한 필을 내 놓으며 이 비단을 가지고 가서 하늘에 제사를 지내면 영험이 내릴 것이라 일렀다. 사신은 어쩔 수 없이 비단만을 가지고 신라로 돌아와 임금에게 자초지종을 말씀 드린후에 선도산에 올라가 엄숙히 천신께 기원을 했다. 그제야 어둠이 가시고 일월이 다시 정기를 찾게 되었다.

이런 일이 있은 이후 임금은 그 비단을 보물로 여겨 궁중 곡간에 보관하여 국보로 삼았는데 이 곡간을 「귀빈고」라고 불렀다고 한다.

또 하늘에 기원하여 해를 맞이한 곳을 영일이라고 부르게 되었는데 지금의 동해면 도구동이고 「귀빈고」가 있었던 자리는 오천읍 세계동의 일월지라는 못이라고 전해지는데 지금은 군부대 내가 되어 출입이 불가능하다.

연오랑은 2세기 경 일본으로 건너간 신라왕자 천일창天日槍. 아메노히보코과 동일인이라고도 한다.

경북

울릉도 성하신당 聖霞神堂

경북 울릉군 서면 태화리. 옛날에는 이 곳을 황토구미黃土九味라 불렀다. 강원도 사람들이 태풍을 만나 이 섬에 닿게 되었는데 그 때 이 곳의 황토에서 아홉 가지의 맛이 났던 덕으로 이 황토를 먹고 목숨을 건졌다고 하여 붙여진 이름이라고 한다.

이 태화리는 도동의 여객선 터미널에서 서북쪽의 돌깨재台霞嶺를 넘으면 나타나는데 이 곳에는 서면 태화출장소가 있고 이 출장소 바로 옆에 노송 십여 그루가 서 있는 50여평의 부지에 울릉도의 수호신이라고 하는 동남동녀童男童女신을 모신 신당이 있다. 이 신당을 성하신당이라 한다.

조선 태종 17년1417년 왜구의 노략질이 심하여 울릉도를 공도空島로 하기 위하여 태종은 안무사按撫使 김인우金麟雨에게 병선 두 척을 주어 울릉도 주민 80여명을 소환토록 했다.

나라의 명을 받은 안무사 김인우는 울릉도 지금의 태화리에 도착하여 이 곳을 야영지로 삼고 섬을 두루 살핀 후 주민들에게 소환계획을 알리고 날씨가 좋은 날을 택하여 주민들을 데리고 출범을 하기로 하였다. 그러던 어느 날 안무사가 잠자리에 들었는데 꿈에 해신이 나타났다.

"너희 일행 중 동남동녀 한 쌍을 남겨 두고 떠나라."

안무사는 이상한 꿈이라고 생각은 하면서도 나라에서 명을 받은 일이라 이를 무시 하였다.

뒷날 날씨가 좋아 출발 준비를 서둘렀다. 그런데 막 출범을 하려는데 좋기만 하던 날씨가 갑자기 흐려지면서 파도가 치기 시작했다. 하루를 기다리고 이틀을 기다려도 파도가 자지 않았다. 그제야 안무사는 꿈에 해신이 한 말이 생각났다. 탈이라면 그 탈 밖에는 없다고 생각한 안무사는 차마 못할 짓이지만 대의를 위해서는 어쩔 수 없다고 판단하고 동남동녀 한 쌍을 불렀다.

"내가 거처하던 곳에 필묵을 잊고 왔으니 너희가 가서 그것을 가져 오도록 하여라."

안무사가 명령을 하니 동남동녀는 어쩔 수 없이 숙영지를 향하여 뛰어갔다. 그들이 뛰어가자 흐렸던 날씨가 갑자기 개이면서 파도가 잦아들었다.

안무사는 병사들에 황급히 명령을 하여 출범하게 되니 배는 쏜살 같이 바다로 나아갔다.

한편 필묵을 아무리 찾아도 찾지 못한 동남동녀 한 쌍은 배가 있었던 곳으로 되돌아왔지만 배는 이미 저 멀리 수평선 너머로 사라져 가고 있었다. 아무리 울면서 불러도 소용 없는 일이었다.

안무사는 비록 무사히 귀임하였지만 섬에 남겨 두고 온 동남동녀의 안부가 항시 잊혀지지 않아 번민하던 차 수 년이 지난 후 다시 순찰명령을 받아 울릉도에 가게 되었다. 울릉도에 도착하자마자 제일 먼저 지난번의 숙영지로 달려가 보니 그 자리에 껴안은 형상을 한 동남동녀의 옷과 백골만 나란히 남아 있었다. 이를 본 안무사는 눈물을 흘리고 두 사람의 고혼을 달래기 위하여 그 곳에 사당을 지어 제사를 지내고 돌아왔다.

그 후 울릉도로 다시 돌아온 주민들은 이 동남동녀를 울릉도의 수호신으로 삼고 매년 삼짓날에 농사나 어업의 풍년을 비는 제사를 이 사당에서 올린다고 한다. 뿐만 아니라 배를 새로 만들거나 외지에서 구입해 올 때는 꼭 이 곳에서 제를 지내야 무사하고 그렇지 않을 경우에는 화를 입는다고 전한다.

이 전설 외에 또 다른 전설이 있다.

울릉도 성하신당

옛날 울릉도에 사람이 살지 않았을 때 강원도 삼척에 와 있던 어떤 장수가 하루는 배에다 병사 다섯 명과 기생 한 명, 그리고 술과 안주를 잔뜩 싣고는 동해안 순찰 겸 뱃놀이를 나섰다. 장군과 병사들은 여흥을 즐기면서 해안선을 따라 남쪽으로 내려갔다. 얼마 쯤 내려갔을 때 갑자기 바람이 일기 시작했다. 바람은 병사들이 뱃머리를 돌릴 사이도 없이 거칠어지면서 폭풍으로 변하고 말았다. 어떻게 손쓸 사이도 없이 돛대가 부러지고 돛이 찢겨져버려 배는 바람 따라 표류하고 말았다. 모든 것은 운명에 맡길 수 밖에 없었다. 비바람과 파도에 운명을 맡긴 지 이틀 만에 날씨는 개였고 배는 지금의 울릉도 태화리 해변가에 밀려 들었다. 배에서 죽음을 기다리며 쓰러져 있던 장군과 병사 그리고 기생은 이제야 살았다고 생각하고는 있는 힘을 다하여 육지로 기어 내렸지만 이 곳이 인가라고는 하나도 없는 이름 모를 섬이란 것을 안 이들은 그만 그 자리에서 기절하고 말았다. 마침 기절하여 쓰러진 곳은 황토밭이었다. 황토의 구수한 냄새가 이들의 코로 들어가면서 차츰 정신이 들었다. 정신이 들면서 갈증과 허기가 졌다. 당장 먹을 것이 없는 이들은 구수한 냄새가 나는 황토를 조금씩 핥아 먹었다. 그 맛이 여러 가지 맛을 내면서 허기를 면하게 하여 주었다.

일행 중의 장군은 허기를 일시 면하자 잠시 잠이 들었는데 꿈에 백발이 성성한 노인이 지팡이를 들고 나타나 장군을 가리키며

"나는 성인봉의 산신령인데 너희들이 살아 갈려면 내가 시키는 대로 해야 하느니라."

하고 말을 하는 것이었다. 그리고는

"이 곳에서 서쪽으로 계속 노를 저어 가면 육지에 도착하게 될것이다. 그러나 배가 떠날 때는 이 곳에 여자 한 사람과 남자 한 사람은 반드시 두고 떠나야 한다. 명심하여라."

하고는 노인은 홀연히 사라졌다.

꿈에서 깨어난 장군은 노인의 말에 힘을 얻어 지쳐서 쓰러져있는 병사와 기생을 우리는 살아 갈 수 있다는 말로 희망을 주면서 불러 모았다. 그리고는 해가 지는 서쪽으로만 가면 우리는 육지로 갈 수 있다는 것을 설명 하고는 힘을 내어 찢어진 돛과 부러진 돛대를 수리하였다. 배가 다 수리되어 떠날 날이 되어지자 장군은 걱정이었다. 산신령 노인의 말대로 한다면 여자와 남자 한 사람씩을 두고 떠나야 하는데 누구를 떼어 두고 떠난단 말인가. 다 같이 생사 고락을 한 사람들이 아닌가. 그래서 고민 끝에 모두 다 같이 배에 타고 떠나기로 하고 어느 날 날씨 좋은 날을 택하여 뱃길에 나섰다. 그러자 갑자기 비바람이 치면서 파도가 몰아치기 시작하였다. 혼이 난 장군은 다시 섬으로 돌아왔다. 이는 필시 산신령이 자기 말을 듣지 않았다고 노하여 이렇게 날씨에 조화를 부렸을 것이라고 생각하고는 어떻게 할까 하고 고민을 하고 있는데 그 날 저녁에 또 다시 산신령 노인이 나타나 화를 내면서 만약 시키는 대로 하지 않으면 모두가 죽게 된다고 엄하게 꾸짖는 것이었다. 장군은 다같이 갈 수 있게 해 달라고 사정 하였지만 들은 체도 하지 않았다.

뒷날 날씨가 좋아지자 장군은 일단 배를 띄울 준비를 하고는 가족이 없

는 젊은 병사 한 사람과 기생을 불러 어제 밤에 잤던 곳에 담뱃대를 두고 왔는데 그것을 가져오게 하였다.

그들이 담뱃대를 가지러 가는 것을 보고는 장군은 배를 띄우게 명령했다. 남은 병사들이 의아해 하면서 배를 띄우지 않자 자초지종을 말하고 배를 띄우게 하자 모두가 울면서 배를 띄워 노를 저어 나갔다. 섬에 남은 병사와 기생의 절규가 귓전에 파고 들었지만 모두가 돌아보지도 못하고 눈물만 쏟았다.

사람을 성인봉 산신령에 제물로 바쳐서인지 바다 날씨는 그럴 수 없이 좋았다. 적당한 동풍까지 불어 얼마되지 않아 삼척 근방에 도착하게 되었다. 장군은 도착 즉시 조정에 동해 한가운데 큰 섬이 있다고 보고 하였다. 이를 보고 받은 조정은 이듬해 장군에게 그 섬을 한 번 더 순찰하도록 하였다.

장군은 조정의 지시에 따라 섬에 도착하여 살펴보니 사람의 그림자는 보이지 않았다. 그럼 작년에 두고 간 병사와 기생은 어디로 갔을까 하고 다시 샅샅이 뒤져 보니 산 밑 골짜기에 그들의 옷과 유골이 나란히 누워 있었다. 장군은 그 앞에서 통곡을 하며 그들에 사죄하였다. 그리고는 그 자리에 사당을 짓고 그들의 옷을 사당에 모셨다. 그 후부터 해마다 이들 고도에서 숨진 한 쌍의 원혼을 달래고 바닷길의 무사함을 비는 제사를 지내는데 이때에는 남녀 웃옷을 한 벌씩 만들어 걸어놓는다고 한다.

울릉도 열녀비

경북 울릉군 서면 남양3리. 일명 통구비라는 동네다. 이 동네에는 당산 나무로 섬기는 400년이 넘는 듯한 큰 후박나무 한 그루가 서있다. 여기서 50여 미터쯤 되는 거리에 대한예수교장로회 통구비교회가 있는데 이 교회 바로 옆에 '절부 최봉조 처 월성김씨지비節婦 崔鳳條 妻 月城金氏之碑'라는 열녀비가 자리잡고 있다.

통구비 마을에 한 내외가 아들 하나를 데리고 단란하게 살고 있었다. 그들은 비록 손바닥만한 채전 하나도 없는 어려운 처지였지만 남편은 바다에 나가서 열심히 고기를 잡았고 아내는 산에 가서 부지런히 나물을 뜯거나 약초를 캐었기에 남부럽지 않은 생활을 할 수 있었다.

어느 날 봄 아내가 꿈을 꾸었다. 집에서 빨래를 하고 있는데 갑자기 바람이 불고 검은 구름이 하늘을 엎더니 번개와 뇌성이 내려쳤다. 그리고 산더미 같은 파도가 해안으로 기어올라 배라는 배는 모두 뒤덮어 버리는 것이었다. 아내는 너무나 놀라 자리에서 벌떡 일어났다. 아주 불길한 꿈이었다. 그래서 뒷날 바다에 나가려는 남편에게 어제 밤 꿈 이야기를 하였다.

"아무래도 꿈이 이상하지 않아요?"
"봄 꿈은 개꿈이오. 또 꿈은 반대로 된다는데 혹시 만선할지 모르겠소."
"그래도 오늘은 집에서 쉬세요."
"허허 무슨 소리요. 날씨가 이렇게 좋은데."

통구비의 열녀비

남편은 오히려 아내를 달래며 바다로 나갔다.
아내는 불안한 마음이 가시지 않았지만 그 날 따라 바다는 호수같이 잔잔하였고 남편의 모습도 유난히 늠름하여 적이 마음을 놓으며 산으로 나물과 약초를 캐러 나갔다. 그러나 오후가 되면서 맑기만 하던 하늘이 어제 저녁의 꿈에 본 하늘과 같이 검은 구름으로 덮히더니 바다가 점점 거칠어지기 시작했다. 불안한 마음이 다시 고개를 들었다. 하늘과 바다를 연달아 보면서 남편이 무사히 돌아오기를 선인봉의 산신령께 빌고 또 빌었다. 그러나 아내의 기도에도 아랑곳하지 않고 날씨는 더욱 험악해졌고 파도는 산더미 같이 높아만 갔다. 부랴부랴 집으로 내려온 아내는 바닷가에 나가 발을 동동거리며 남편을 기다렸다. 그러나 애끓는 밤이 지나가도, 뒷날 날씨가 좋아져도 남편은 끝내 돌아오지 않았다.
남편이 죽었다는 것을 안 아내는 몇날 며칠을 두고 식음을 전폐하고 통곡으로 세월을 보냈다. 그러나 어린 자식을 생각하지 않을 수 없었다. 어린 자식을 잘 길러 대를 잇게 하는 것만이 자신이 남편을 위하는 길이라고 생각하고는 이를 악물고 일어나 한층 더 부지런히 약초와 나물을 캐었다. 그러나 평생동안 남편을 앗아 간 바다가 싫어 바다를 보지도 않았고 바다에서 나는 생선과 패류 그리고 해조류도 먹지 않았다. 이런 사실을 전해들은 섬사람들은 울릉도에 열녀가 났다며 칭송이 자자하였고 그녀가 죽은 뒤에는 지금의 자리에 열녀비를 세워 그녀의 영혼을 위로하였다.
지금 이 열녀비는 홍살문이나 정려문도 없이 시멘트 블록으로 담장을 친 초라한 모습으로 가정 주택의 뒷담에 붙어 있다.
바위 하나에도 의미를 부여하여 관광자원화 하면서도 이런 울릉도의 정신적 지주이자 섬에 사는 여자들의 숙명적 기록인 비석을 왜 이렇게 소홀히 하는지 알 수가 없다.

경북

축산 영의남공유허비 英毅南公遺墟碑

경북 영덕군 축산면 축산리 산의 2번지. 축산항에서 왼쪽에 보이는 축산 수협 급유탱크 바로 뒤쪽 남씨 문중산 산허리에 축산항을 내려다 보고 서 있는 제각과 비석이 있다. 이 제각과 비석이 남씨 시조인 영의 남공을 모신 제각과 유허비다.

지금부터 1200여 년 전 신라 경덕왕 때 축산면 축산항 해안에 파선된 선 박의 널쪽을 타고 표류하고 있던 두 사람을 고기 잡이를 나갔다 돌아오던 어부들이 발견하고는 배에 건져 올려 축산항으로 데려 왔다. 이들은 굶주 림과 심한 파도로 인하여, 배에 끌어 올렸을 때는 이미 의식을 잃고 사경을 헤매고 있었다. 그러나 어부들이 몸을 주무르고 미음을 먹이는 등 극진한 간호와 정성어린 보살핌으로 며칠 만에 정신을 차리게 되었다.

정신을 차리게 된 이들은 어부들의 말을 알아 듣지 못하는지 손짓으로 먹과 붓을 달라 하여 글을 써서 내밀었다. 이에 글을 모르는 어부들은 마 을의 선비를 데려와 이들과 필담을 나누도록 하였다. 필담으로 자기네들이 여기에 이렇게 구조되어 오게 된 경위를 알게 되자 이들은 어부들이 자신 들의 은인이라며 눈물을 흘리며 감사의 인사를 하고는 두 사람은 서로 안 고 감격에 목이 멨다.

두 사람은 당나라 사람인 것 같지만 그 언행이 아무래도 보통 사람이 아 닌 것 같아 이 곳으로 표류되어 온 경위를 물었다.

"당나라 여남이 고향입니다. 일찍이 과거에 급제하여 벼슬자리에 있던 중 이번에 임금의 명을 받아 일본에 안염사_{唐按廉使}로 갔다가 돌아가는 길에 풍랑을 만나게 되었습니다. 배는 부서지고 함께 탔던 사람들은 어디로 갔는지 알 수 없이 이렇게 두 사람만 표류하게 되었습니다. 우리 두 사람은 부자간인데 아들은 먼 일본국에 사신으로 가는 아버지를 도와주기 위하여 따라 왔다가 부자가 같이 이런 일을 당하고 말았습니다. 여러분들이 아니면 어찌 이렇게 살아 있을 수 있었겠습니까."

이렇게 말을 하고는 또다시 아들을 부둥켜 안고 울었다. 복받치는 감정을 삭이고 난 아버지는 다시 말을 이었다.

"처음 풍랑으로 배가 파선 되어 침몰할 때 아들의 부르는 소리가 들리기에 정신을 차리고 살펴보았더니 아들이 한 조각의 판자에 몸을 의지하여 표류하고 있었습니다. 그래서 급히 물에 뛰어들어 아들이 의지하고 있는 판자를 같이 붙잡았습니다. 그러나 두 사람이 의지하기에는 너무 작은 판자였습니다. 그래서 나는 이 판자로는 혼자 몸도 의지하기 어려우니 네가 이 판자를 의지 하여 어떻게 하던지 살아서 돌아가거라. 만리 타국에 아비를 돕기 위해 따라 왔다가 너까지 죽게 되어야 되겠느냐고 아들을 달랬지만 아들은 자기가 죽더라도 아버지가 돌아가야 된다고 고집하여 서로 붙잡고 놓아주지 않고 있다가 그만 정신을 잃고 말았습니다."

이렇게 말을 하고는 또다시 눈물을 글썽거렸다.

이야기를 들은 어부들은 이는 필시 아들의 효심과 아비의 정에 하늘이 감복하여 이 부자를 살렸으리라고 생각하여 고을 원님에게 이런 사실을 알렸다. 원님은 즉시 찾아와 자초지종을 듣고 이들의 이름을 물었다.

아버지는 김충_{金忠}이라 했고 아들은 김석중_{金錫中}이라 했다. 원님은 이들을 위로하고 다시 왕에게 이 사실을 알렸다.

왕은 그들에게 남방에서 왔다 하여 성을 "남_南"이라 하사 하고 이름은 "민_敏"으로 다시 고쳐서 "영양현_{英陽縣}"을 봉하고 호를 "영의_{英毅}"라고 주었으니 그 때 영의공의 나이 40여 세였다.

그래서 당나라 일본 사신이었던 김충은 우리나라 남南씨의 시조가 되었다. 그러나 본 이름이 김충이었으니 본관을 버릴 수 없어 성은 김씨로 하고 영양을 봉하였으니 영양 김씨의 시조가 되었다. 그러므로 영양 남씨와 김씨는 같은 조상인 것이다.

축산의 영의 남공 유허비

전남

강진 비래도飛來島 처녀무덤
거문도 고두리 영감제와 거북제
거문도 오돌래
목포 갓바위
여수 백도
여수 오동도
완도 김일金日의 구동龜洞
완도 김일金日의 칠기도七岐島
완도 신지도 울 모래
진도 굴포 용왕신당
진도 벽파진의 노인 신당
진도 뽕할머니
진도 팽목마을 탈상바위
신안 홍도紅島의 탑상塔像골

강진 비래도飛來島 처녀무덤

 전남 강진군 신전면 벌정리 산의 260번지. 면적 1356평방미터인 조그만 비래도飛來島란 무인도다. 강진읍에서 18번 국도와 813번 지방도를 타고 해안 쪽으로 20여분 가서 벌정리 논정마을로 들어서면 바닷가 바로 앞에 보이는 섬이다. 이 섬에는 나무 한 그루 없이 잡풀만 무성하게 자라고 있고 정상에는 묘가 하나 있다.

 강진군 칠량면에 최씨 성을 가진 나이 서른이 넘는 노총각 어부가 노부모를 지성으로 공양하며 살고 있었다. 이 총각은 비록 가난하지만 효성이 지극할 뿐만 아니라 성실하고 부지런하였다. 고기가 잡히든 잡히지 않든 하루도 바다에 나가지 않은 날이 없었던 총각은 설을 앞두고 며칠째 불어닥친 폭풍 때문에 설날 아침 조상님 차례상과 부모님 상에 고기 한 마리 올릴 수 없어 애를 태우고 있었다.
 그러다 그믐날 밤 마침 파도가 잔잔해지는 틈을 타서 조그만 어선을 타고 비래도 앞바다에 나가서 낚시를 던졌다. 그러나 다른 날과 다르게 고기는 한 마리도 잡히지 않았다. 이상한 일이라고 생각하고 잠시 앉아 쉬고 있는데 저 멀리서 뭔가 떠내려 오는 것이 보였다. 가까이 가 살펴 보았더니 여자 시체였다. 총각은 혼비백산해서 있는 힘을 다해 앞만 보고 노를 저어 비래도 쪽으로 도망쳐 왔다. 얼마 쯤 와서는 아무래도 뒤가 캥겨 돌아봤더니 그 시체도 빠르게 배를 따라오고 있는 것이었다. 총각은 이는 필시 나를 보

강진 비래도

고 장사를 지내 달라는 것인지도 모른다고 생각하고는 무서움을 참고 시체를 뱃전에 끌어 올렸다. 갓 죽은 듯한 처녀의 시체였다. 살아 있는 듯한 얼굴이 너무나 아름다워 조금 전까지 무서웠던 마음은 사라지고 아쉽고 측은한 마음이 들었다.

"어떻게 해서 이 아까운 나이에 죽었을까! 살아서 나를 만났더라면 얼마나 좋았을까!"

총각은 시체를 조심스럽게 배에 싣고는 가까운 비래도에 도착하여 양지바르고 흙이 깊은 언덕에 정성껏 장사를 지내주려 하였다. 그러나 달도 없는 캄캄한 그믐날인데다 춥기도 추웠고 땅도 얼어 땅을 팔 수가 없었다. 생각 끝에 섬에다 불을 지르기로 하고 호주머니에서 부싯돌을 꺼내 마른 풀에 불을 댕겼다. 불은 삽시간에 활활 탔다. 그제서야 몸도 녹고 양지바른 곳을 고를 수도 있었을 뿐 아니라 땅도 한결 파기가 수월했다.

이렇게 해서 밤새도록 장사를 지내고 집으로 돌아온 총각은 그 뒷날 새벽녘에 잠이 들었는데, 총각의 꿈에 죽은 처녀가 새색시가 되어 나타났다.

"서방님! 어인 일로 잠만 주무십니까. 어서 일어나십시오. 지금 바다에 나가시면 많은 고기를 잡을 수 있을 것입니다."

처녀는 이렇게 말하고 홀연히 사라졌다. 잠이 깬 총각은 이상히 여기고 그 길로 바로 바다에 나가봤다.

과연 생전 처음보는 대풍어로 만선을 하였다. 그 뒷날도 그 뒷날도 계속 만선이었다. 그러나 다른 사람들은 총각과 같은 어장에서 같이 고기를 잡는데도 그렇게 많은 고기를 잡지 못했다.
 그 후부터 총각은 꿈에 처녀가 나타나 시키는 대로만 하면 꼭 꼭 만선을 하여 큰 부자가 되었다.
 그 후 최씨 총각은 정성을 다하여 처녀의 무덤을 돌보았다고 한다. 그러나 지금 비래도에 있는 무덤이 그 처녀의 무덤인지 아닌지 아무도 아는 사람이 없고 칠량면에 최씨 총각의 후예가 누구인지 아는 사람은 없지만 지금 어업인들 사이에 배에 송장을 실으면 재수가 좋다는 이야기가 전해오고 있는데 이는 아마도 이 때부터 유래된 것일 거라고 이 곳 사람들은 말하고 있다.
 최총각이 처녀를 묻기 위해 산에 불을 지르고 내려오니 불을 보고 모여든 고기들이 묶어 둔 배에 뛰어올라 고기가 만선이 되어 있었다고 한다. 그래서 그 뒤부터 총각은 이 비래도 근방에서 고기잡이를 할 때는 비래도에 불을 피워 놓고 잡았는데 그럴 때마다 만선을 하였다고 한다. 이 때 불을 보고 모여든 고기들이 총각의 뱃전으로 뛰어 오르는 것이 마치 날아오르는 것 같이 보였다 하여 섬의 이름을 비래도飛來島라 하였고, 그 후 최총각이 섬에 불을 피우던 것이 언제부터인가 정월 초하루에 섬에 불을 지르면 운수대통 한다는 전설로 바뀌어 지금도 그 전설이 내려오고 있다 그래서 인근 어민들이 정월 초하루만 되면 어김없이 불을 질러 이 섬에는 나무 한 그루 없다고 한다.

전남

거문도 고두리 영감제와 거북제

　전남 여수시 삼선면 거문도리, 여수항 남쪽 120km 지점에 있는 섬이다. 여수항에서 보면 제주도의 중간지점으로 쾌속여객선으로 가면 한시간 반 정도의 시간이 걸린다.
　거문도巨文島란 이름은 "글이 큰 섬"이란 뜻이다. 옛날 중국 선박들이 피항차 왔다가 이 곳 선비들과 필담을 나누었는데 이 곳 선비들의 해박한 지식과 문장력에 감탄하여 그 이후로 이 섬을 거문도라 불렀다고 한다.
　거문도는 동도와 서도, 그리고 고도란 세 개의 섬으로 형성되어 있어 본래는 삼도三島 또는 삼산도三山島라 불렀다고 한다. 이 중 가장 작은 섬인 고도가 거문도의 행정, 교통, 경제의 중심지 역할을 하고 있다. 이 고도를 가운데 두고 서도는 북쪽에서 남동 쪽으로 길게 누워 있고, 동도는 북쪽에서 동쪽 끝의 바다를 가로 막고 있어 피항하기에는 더할 나위 없이 좋은 천연항이다.
　고도의 삼호교 입구에서 100여 미터 정도 떨어진 앞바다에 100여 평 정도 됨직한 안노루섬이란 조그만 산을 가진 섬이 있다. 이 섬의 산 정상에는 돌을 쌓아 좌대를 만들고 그 위에 지금 40센티 정도 되는 둥근 돌을 정성껏 모셔 놓은 곳이 있다. 이 곳이 바로 고두리 영감에게 제를 올리는 곳이다. 고두리란 고등어를 뜻하는 것이고 고두리 영감은 거문도에 고등어 풍어를 안겨 준 남해 용왕의 아들을 가리킨다고 한다.

거문도 안노루섬

  어느 날 거문도 유리미해수욕장 앞 해변에 이상한 돌 하나가 떠돌았다. 마침 그 때 신선대 앞바다에서 고기잡이를 마치고 집으로 돌아오던 덕촌리의 추씨란 착한 어부 한 사람이 이를 보고는 이상한 것이 떠 있다고 생각하고는 이를 건져 보았다.
  분명히 돌인데 물에 떠 있었다는 것이 이상하였지만 흔해 빠진 돌이라 물에 던져 버렸는데 이 돌이 추씨를 졸졸 따라 물가에까지 나왔던 것이다. 추씨는 아무래도 보통 돌이 아니라고 생각하고는 이 돌을 건져서 추씨 집 앞 해변의 좋은 곳에 갖다두었다. 그 날 밤 선잠 끝에 한 백발 노인이 추씨 꿈에 생시처럼 선명하게 나타났다.
  "나는 남해 용왕이다. 너희 섬사람들이 너무나 가난하게 살아가기에 내 아들을 돌로 만들어 너희들에게 보냈으니 수호신으로 잘 섬기면 길할 것이다."
  이렇게 말을 하고는 홀연히 사라졌다. 뒷날 추씨는 집 앞에 좌대를 세우고 이 돌을 정성스레 모시고 제를 지냈다. 이때부터 추씨는 바다에 나가기만 하면 만선을 하곤 하였다. 이 소문을 들은 마을 사람들은 추씨를 불러 한 사람만 잘 사는 것 보다 전 마을 사람들이 잘 사는 것이 좋지 않겠느냐고 설득하여 이 돌을 마을에서 공동으로 모시기로 하고 안노루섬 정상에 제각을 짓고 이 돌을 정성껏 모셨다. 그 해부터 거문도 앞바다에는 매년 고등어 파시를 이루었다. 그러나 1959년 사라호 태풍 때 이 제각과 돌이 해일에 유실되고 말았고 고등어도 차츰 사라져 갔다. 이에 어부들 사이에 고두리 영감을 찾아서 다시 모셔야 한다는 여론이 일자 1985년도에 거문도 수협에서 당초 돌은 찾지 못했지만 그와 비슷한 돌을 찾아 지금의 자리에 모셔 놓고 매년 음력 4월 15일이면 전체 어업인의 뜻으로 풍어를 비는 제를 올리고 있다.

  이 풍어제 때 거북제도 같이 지내고 있는데 그 연유는, 1948년 계절풍의 내습을 앞둔 어느 늦여름 날, 물 너울을 따라 거북이 한 마리가 서도리 큰 가짐 환바위 부근 해변으로 기어 올라왔다. 마침 지나가던 한 어부가 보니 상처 난 거북이라 불쌍히 여겨 치료를 위해 변촌 마을에 임시로 잡아다 놓았다. 아무 내용을 모르던 마을 노인 세 명이 웬 큰 거북이 마을 앞에 와 있는 것을 보고는 큰 홍자를 만난 듯이 그만 거북을 잡아 먹어 버리고 말았다. 그런데 이때부터 마을에 계속 흉어가 들었고 크고 작은 사고까지 끊일 날이 없었다. 결국 마을 사람들은 이는 거북이를 잡아먹은 탓이라고 생각하고는 뜻을 모아 거북이의 영혼을 달래는 제를 올리게 되었다. 이 제를 올리고 난 뒤부터 풍어와 동네의 안녕이 되돌아 왔다는 것이다. 한 때 이 거북제는 끊겼지만 1994년 수협이 서도리 부락에서 다시 제를 지내 그 해 여름 서도리 뒷 바다에서 갈치 풍어를 이루게 되어 지금은 해마다 고두리 영감제와 같이 수협에서 한 날짜에 제를 지낸다고 한다.

  추씨의 후손이라는 추장현秋長鉉 65세씨는 지금도 거문도 덕촌리에 살고 있다.

전남

거문도 오돌래

오돌래가 떠밀려 온 거문도 해안

   전남 여수시 삼산면 죽촌리. 삼산면은 거문도를 말하고 죽촌리는 거문도의 3개 섬 중 동도를 말한다. 거문도는 여수에서 남쪽으로 120km정도 떨어진 제주와 중간지점에 위치하고 있다. 여수에서 여객선을 타고 2시간 정도면 거문도의 고도에 도착하고 이곳에서 다시 배를 타고 동도로 가야하는, 거문도에서 가장 교통이 좋지 않은 곳이다. 그러나 이 동도는 70여 가구가 살고 있는 평화로운 어촌이다. 이 어촌에는 왜구의 해적선을 항복시킨 '오돌래吳突來'라는 장사가 살았다고 전해진다.

   옛날 죽촌竹村의 어부들은 동해의 울릉도에서 서해의 옥천까지 별을 가늠하며 고기떼를 찾아다니던 용감한 바다의 개척자들이었다. 그러나 이들에게는 여러 달 동안 항해하며 거센 풍랑과 싸우는 일도 고달팠지만 무엇

보다 빈번한 왜구들의 해적질 때문에 사람들이 다치거나 죽었고 재물을 강탈당하기도 하여 늘 불안과 공포에 시달려야만 했다.

그러던 어느 날 한 선주가 마을 앞 바닷가에 나갔다가 오척 단구의 50대로 보이는 중년 남자가 파도에 밀려와 쓰러져 있는 것을 발견하였다. 가까이 가 맥을 짚어보니 아직 살아있었다.

선주는 급히 이 남자를 업고 집으로 갔다. 몸을 따뜻하게 하고 온 몸을 주물러가며 극진히 치료를 했더니 한참 만에야 정신을 차렸다.

"제가 어떻게 해서 여기에 오게 되었습니까?"

선주는 자초지종을 이야기 했다.

"저를 이렇게 살려 주셔서 정말 감사합니다. 저는 오吳씨 성을 가진 사람으로 이름은 돌래爽來라 합니다."

"그래 어떻게 하여 이렇게 되었소?"

"예. 거센 풍랑을 만나 타고 가던 배가 침몰되어 표류하다가 여기에 닿은 후 정신을 잃은 것 같습니다."

"그럼 고향과 가족은 어떻게 됩니까?"

"고향도 가족도 없으니 더 이상 묻지 말아 주십시오 할 수 있다면 일자리나 하나 마련해 주시면 평생 은혜는 잊지 않겠습니다."

때마침 선주의 배가 울릉도로 장사차 떠나려는 참이었는데 뱃사람이 부족한 형편인지라 오돌래를 배젓꾼으로 태웠다.

얼마 후 울릉도에 도착한 배는 그 곳에서 가져간 물건들과 바꾼 마른 해조류와 재물을 가득 싣고 죽촌으로 돌아오다 그만 해적의 습격을 받고 말았다. 선원들은 당황하여 어쩔 줄을 모르고 우왕좌왕 하고 있는데 오씨는 태평스럽게 쿨쿨 잠만 자고 있었다. 너무 기가찬 선원들이 욕을 하며 오씨를 걷어 찼다.

"이봐. 해적들이 쳐들어 왔다. 빨리 일어나란 말야."

그제서야 오씨는 기지개를 켜면서 일어났다.

"해적선이 쳐들어 왔다고?"

"그래, 울릉도 장사는 헛 장사 되었어."
"걱정하지 마. 잘된 일이야! 그 배가 크니 그 배로 가면 되겠어."
 그는 태연히 이렇게 말을 하고는 해적선이 가까이 오기를 기다렸다. 해적선이 가까이 오자 오씨는 자기 배에 오르듯이 돈이든 상자를 들고는 해적선으로 먼저 올라타더니 선원들에게 재물을 가지고 빨리 타도록 재촉했다. 선원들도 다른 방도가 없는지라 오씨가 시키는 대로 해적선으로 옮겨 탔다.
 해적선으로 옮겨 탄 오씨는 겁도 없이 해적선의 두목에게 명령을 하는 것이었다.
"두목, 배를 거문도로 돌려."
 재물을 가지고 순순히 항복하러 온 것으로 알았던 해적선 두목은 화가 머리끝까지 났다.
"이 자를 돛대에 묶어 버려라."
 해적들이 달려들어 오씨를 돛대에 묶어버렸다. 이런 오씨를 보고 다른 선원들은 벌벌 떨고 있는데 오씨는 오히려 두목을 크게 나무라며 눈을 크게 부릅뜨더니 우레와 같은 소리를 지르며 온 몸에 힘을 주자 꽁꽁 묶였던 밧줄이 우두둑 끊어져 버렸다. 몸이 풀린 오씨는 성난 맹수처럼 날쌔게 돌아서서 돛대를 쑥 뽑아 버렸다. 이 용력에 혼비백산한 해적 두목은 살려 달라고 오씨 앞에 엎드려 빌었다.
 오씨는 결국 해적선을 거문도로 돌려 그들의 재물 절반을 뺏아 어려운 마을 사람들에게 나누어주었다. 이후 거문도 근해에는 해적선이 나타나지 않아 이 곳 사람들은 마음 놓고 어업과 교역을 하였다고 한다.
 죽촌마을 뒤편 개천에는 1톤이 넘을 듯한 돌다리가 있었는데 오돌래가 한 팔로 들어다 놓았다고 하여 '오돌래 돌다리'라도 하였으나 지금은 이 개천을 전부 복개하는 바람에 이 다리도 묻혀 버리고 말았다. 지금도 거문도에서는 힘세고 의리 있는 사람을 일컬어 '오돌래 같은 장사'라고 말한다.

전남

목포 갓바위

전남 목포시 용당동龍唐洞 바닷가. 행정구역상 용당동에 속하지만 이 곳 사람들은 성자동聖子洞으로 알고 있다. 영산 하구둑을 지나 목포항으로 들어오는 갓바위 터널을 지나면 바로 성자동이다. 이 곳은 조각공원과 남농기념관, 향토문화관, 신안유물전시관 등 목포의 문화 예술의 전당들이 전부 모여 있는 곳이다. 이 곳으로 진입하기 직전 좌측으로 선착장이 있는 바닷가 길로 접어들면 입암산笠岩山의 능선이 흘러 내려오다 끝나는 곳의 바닷가에 마치 갓을 쓴 듯한 바위 두 개가 먼 바다를 바라보며 서있다. 큰바위는 8m 가량, 작은 바위는 6m 가량이다. 이 바위를 이 곳 사람들은 갓바위라 부른다. 이 갓바위가 이 곳에서는 유명하여 이 곳으로 들어오는 터널 이름도 갓바위 터널이고 뒷산도 입암산이다. 그러나 일부 사람들은 부자父子바위 또는 중바위禪岩라고도 한다.

옛날 이 곳 갯마을에 어머니를 일찍 여의고 홀로된 병든 아버지를 극진히 모시며 어렵게 살아가던 착한 아들이 있었다. 이 아들은 나루터에서 소금배가 들어오면 소금을 받아 와 마을을 돌아다니며 팔아서는 겨우겨우 아버지를 봉양하며 살았다. 이렇게 어려운 형편이고 보니 병든 아버지께 약한 첩을 제대로 지어드리지 못했다. 그래서 아버지의 병환은 날로 악화되어만 갔다. 이를 안타깝게 생각한 아들은 생각하다 나름대로 큰 결심을 하게 되었다.

목포 갓바위

매일 다니는 마을보다 좀더 멀리 부자들이 있는 영산강 위쪽의 큰 마을로 가서 소금을 팔아 아버지의 병을 고쳐 보겠다는 생각이었다. 그래서 소금을 지게에 잔뜩 지고 먼 길을 나섰다.

"아버지의 병을 고칠 수 있을 정도의 약값을 가지기 전에는 돌아오지 않으리라."

소금은 생각같이 잘 팔리지 않았다. 그런데다 날씨까지 나빠 결국 밑지는 장사가 되고 말았다. 며칠간 밥값까지 제하고 나니 빈손이었다.

빈손으로 돌아갈 수 없었던 아들은 얼마간 날품이라도 팔아야 되겠다고 생각하고는 길에서 가까이 보이는 어느 부잣집에 찾아들었다.

자기의 딱한 사정을 이야기 하고 한 달간 품팔이를 하였지만 품삯은 고사하고 한 달간 먹여 준 밥값도 하지 못했다고 내쫓기고 말았다.

아버지의 약값을 구하지 못하면 돌아가지 않겠다는 각오를 한지라 자신의 처지를 한탄하며 길옆에 앉아서 한숨만 쉬고 있었다. 이때 마침 한 도승이 지나다가 이 아들의 모습을 보게 되었다.

"청년은 무슨 사연이 있기에 그렇게 한숨을 쉬며 넋을 잃고 앉았는가?"

아들은 자초지종 자신의 처지를 자세히 말씀을 드렸다.

아들의 이야기를 다 들은 도승은 낯색이 크게 변하며 아들을 꾸짖었다.

"청년은 한가지만 생각했지 두가지는 모르네. 깊은 생각을 못했어. 자네가 약값을 구한다고 이렇게 타향을 떠돌고 있을 때 아버지는 누가 돌보았겠는가. 만약 돌아가셨다면 약은 무슨 소용이 있겠는가."

그때서야 깨달은 아들은 부랴부랴 집으로 달려갔다. 그러나 그의 아버지는 돌보는 이 없이 방안에서 싸늘한 시체가 되어 누워있었다. 아들은 자신의 어리석음을 한없이 후회하며 생전의 불효를 통곡으로 대신하였다. 그리고는 죽은 후에라도 저승에서 편안히 지내도록, 생전에 못한 효도를 하기 위해 관을 메고 명당을 찾아 나섰다.

청년은 입암산 남쪽 바닷가 말 형국으로 명당이라는 말을 듣고는 그곳으로 관을 메고 갔다. 지금의 갓바위 있는 곳에서 앞을 바라보니 부흥산과 문도, 나불도, 영암의 두리봉 등이 동남쪽으로 보이고 서쪽으로는 나루터와 유달산, 삼학도가 한 눈에 들어왔다. 뿐만 아니라 양지 바른 곳이었다.

아들은 이 곳에 아버지의 묘를 써야 되겠다고 생각을 했다.

우선 관을 바닷가 바위 위에 내려놓고 묘 자리가 될 만 한 곳을 골라 괭이와 삽으로 묘 구덩이를 파기 시작했다.

얼마를 정신없이 파다가 그만 잘못하여 바위 위에 내려놓은 관을 건드리고 말았다. 관은 바위 위에서 미끄러져 바다로 들어가고 말았다.

또 한 번의 불효를 저지르고만 아들은 한동안 넋을 잃고 바다만 들여다 보고 있었지만 끝내 관은 떠오르지 않았다.

아들은 통곡을 하며 나같은 불효자식이 살아서 무얼하겠느냐며 자신도 바다에 뛰어들어 목숨을 끊고 말았다.

이런 일이 있은 후 이 곳 사람들이 아버지는 자식에 죄진 몸이고 아들은 아버지에 죄진 몸이라 하늘을 볼 수 없어 삿갓을 쓰고 있다고 전하고 있다.

또 하나의 전설은 부처님과 관련된 전설로서, 옛날 부처님과 제자 아라한阿羅漢이 영산강을 경유하여 피안彼岸의 세계로 향하던 중 이 입암산 기슭에 이르러 갓바위에서 잠시 쉬어가면서 갓을 벗어 갓바위에 얹어 놓고는 그냥 잊어버리고 가 버린 후 그 갓이 바위가 되었다는 것이다.

지금 이 곳은 이李씨 집안의 선산이 되어 여러 개의 묘가 들어서 있다.

전남

여수 백도

전남 여수시 삼산면 산의 30-65번지의 백도白島. 거문도에서 동쪽으로 28km 떨어진 해상에 39개의 무인군도로 형성되어 있으며 상백도와 하백도로 구분된다. 여수에서 거문도까지 114.7km, 또 거문도에서 백도까지 28km의 먼 거리에 있는 섬이지만 이 먼 거리가 결코 후회되지 않는 곳이다. 매바위, 서방바위, 각시바위, 형제바위, 석불바위, 물개바위, 병풍바위, 삼선바위 등 금강산의 봉우리들을 옮겨 놓은 듯한 높고 낮은 기암괴석과 깎아지른 듯한 절벽들 그 하나하나가 천태만상으로 변화무쌍하여 장엄한 선경의 극치를 이루고 있다.

태초에 옥황상제 아들이 아버지의 노여움을 사 백도에 귀양을 오게 되었다. 이 곳에서 용왕의 딸이 너무나 아름다워 사랑에 빠져 풍류를 즐기며 세월을 보내고 있었다.
수년 후 옥황상제는 귀양간 아들이 아무런 소식도 없고 보고싶기도 하여 아들을 돌아오게 하였다. 그러나 아들은 백도의 아름다움과 용왕의 딸에 반하여 돌아갈 생각을 하지 않고 있었다. 이에 옥황상제는 신하들을 백명이나 보내 아들을 데려오게 하였지만, 이 신하들도 백도의 아름다움에 반하여 아들을 데리고 돌아갈 생각은 않고 백도에 주저앉고 말았다. 이에 화가 난 옥황상제는 아들과 신하들을 돌로 변하게 하였는데 모두 크고 작은 섬이 되어 백도가 되었다.

백도

다른 전설에 의한 백도의 이름은 섬이 많아 백도라 했는데 섬을 헤아려 보니 백 개에서 한 개가 모자라 "百"에서 "一"을 빼어 "白島"라 부르게 되었다고 하고 멀리서 보면 환상처럼 희게보여 백도라 부르게 되었다고도 한다.

백도는 태풍이나 비바람 등 나빠지려면 사전 징조가 나타나는데, 수 많은 사람들이 서로 말을 주고 받는 듯이 웅성거리는 소리가 들리는가 하면 구르릉 구르릉 하는 돌멩이가 구르는 듯한 소리도 난다고 한다. 어부들은 백도 근해에서 고기잡이를 하다가 이 소리가 들리면 빨리 그물을 걷어 올리고 거문도항으로 피항을 한다. 대개는 소형선박들이 거문도항에 도착하면 기다리고 있었다는 듯이 그 때야 태풍이나 비바람이 분다고 한다. 그래서 어부들은 백도를 수호신처럼 생각하고 있다.

이외 백도에는 수 많은 바위에 이름과 전설이 있지만 특히 매바위에 대한 전설은 많은 사람들에게 전해오고 있다.

거문도에 살던 이오복李五福이란 사람이 어느 날 백도에서 낚시를 하고 있었다. 이 날 따라 고기가 많이 잡혀 밤늦게까지 정신없이 고기를 잡고 있는데 바로 옆에서 물소리가 나서 돌아다 보니 웬 여자가 물에 빠져 허우적거리고 있었다. 이 밤중에 이런 곳에 여자가 있다는 것 자체가 이상했지만 그런 것을 생각할 여유도 없이 우선 사람부터 살려야 되겠다는 생각으로 낚시대를 밀쳐놓고 허우적거리는 여자 옆으로 뛰어가 손을 막 뻗으려는 순간 난데 없이 매 한 마리가 휙 날아와서는 여인의 머리를 쪼아버리는 것이었다. 그러자 여자는 감쪽같이 물속으로 사라져 벼렸다. 이 여자는 이 곳에서 말하는 소위 '신찌갯'라는 물귀신으로, 손을 잡기만하면 물속으로 빨려 들어가 죽게 된다는 것인데 만약 매가 이 물귀신의 머리를 쪼아버리지 않았다면 이오복씨는 이 여인의 손을 잡았을 것이고 결국 물속에 빠져 죽고 말았을 것이었다.

다음날 날이 밝아 매가 날아든 곳을 살펴보니 낚시를 했던 바로 위쪽에 매를 닮은 바위가 바다를 지켜보며 늠름하게 서 있었다. 그래서 이 바위를 매바위라 불렀다고 한다.

전남

여수 오동도

전남 여수시 수정동에 소재한 오동도. 여수의 얼굴과 같은 곳이다. 면적이 불과 10정보 내외의 작은 섬이지만 768미터의 방파제로 육지와 연결되어 있고 193종의 희귀 수목과 기암 절벽이 섬 전체를 감싸고 있어 1968년 한려해상국립공원으로 지정되었다. 또한 조선 팔경의 일경을 이루는 한려수도의 기점이 되는 곳으로 여수지방을 관광할 때는 빼놓을 수 없는 곳이다. 이 섬을 멀리서 바라보면 그 생김새가 마치 오동잎처럼 보이는데다 옛날에는 오동나무가 빽빽이 들어서 있었다고 하여 오동도라 불렀다고 전한다.

옛날 이 섬에는 오동나무 열매를 따 먹으러 많은 봉황새가 날아들곤 했다 한다. 고려 공민왕의 사부인 중 신돈은 풍수지리설에 능하였던 터라 전라도의 전소자가 사람人밑에 임금王자를 쓰고 있는데다 절경의 오동도에 서조인 봉황새가 드나들고 있다는 것을 알고 이는 필시 기울어가는 고려왕조를 맡을 인물이 전라도에서 나올 불길한 징조라고 생각하였다. 이 같은 사실을 공민왕에게 귀띔하고 사람인자 밑에 왕王을 쓰는 전소자를 들입자入 밑에 왕王자를 쓰는 전소으로 바꾸도록 하였다. 또한 오동도에 봉황새가 찾아오는 것을 막기 위해 오동나무를 모조리 베어버리도록 했다. 그러나 결국 고려는 전주 이씨인 이성계에 의해 망하고 말았다.

그 후 이 곳에는 귀양 온 한 쌍의 부부가 땅을 개간하고 바다에서 고기를 잡으며 단란하게 살아갔다. 어느 날 남편이 고기를 잡으러 바다로 나간

오동도

사이 배를 타고 도둑이 들어왔다. 혼자 들일을 하던 아내는 집에 있는 모든 물건들을 다 내놓으며 사정을 했다.
"이것을 다 가져가도 좋으니 내 몸에 손만 대지 말아주십시오."
그러나 도둑은 끝내 몸까지 요구하였다.
사력을 다해 도망을 쳤지만 곧 잡혀 변을 당하고 말았다.
몸을 더럽힌 아내는 이제 남편을 대할 수 없다고 생각하고 시체라도 찾아 묻어 주기를 바라며 남편이 바다에서 돌아오는 길목인 동남쪽 낭떠러지에 가서 투신자살하고 말았다.
날이 저물 무렵 집으로 돌아오던 남편은 낭떠러지 밑에서 떠오른 아내의 시체를 발견하고는 하늘이 무너진 것 같은 절망에 밤낮으로 통곡을 하다가 이 섬의 정상에 고이 묻었다.

얼마쯤 세월이 지나 아내의 무덤 가에서는 이 여인의 절개를 나타내듯이 신이대와 동백나무가 자라기 시작했다. 이 때부터 오동도에는 오동나무 대신 동백나무와 신이대가 무성하게 자랐다. 동백나무는 겨울의 눈보라 속에서도 참고 견디며 붉은 꽃을 피운다 하여 여심화라 불렀고 신이대는 여물고 잘 꺾이지 않아 임진왜란 때 군용화살대로 많이 쓰였다 한다.

이 여인의 묘는 현재 등대가 들어선 자리에 있었고 그 부근에는 수절을 위해 목숨을 내던진 낙화암이 있었다고 하나 지금은 알 길이 없다.

지금 이 섬의 중앙에는 남국의 정취를 느낄 수 있는 관광식물원이 있었고 남동쪽 절경의 해안에는 용이 살았다는 용굴과 거북모양의 거북바위 등이 있어 이 섬의 애틋한 전설과 함께 아름다움을 더해주고 있지만 절경의 중심에 상가 건물이 들어서 있어 인상을 흐리게 한다.

완도 금일金日의 구동龜洞

全南 莞島군 金日읍 龜동. 금일읍은 면적 1890만 평방미터 인구 5천여 명의 섬으로 23개의 마을로 형성되어 있다. 이 23개의 마을 가운데 금일읍 사무소와 가장 가까이 있는 마을이 구동이다. 이 구동은 이름 그대로 거북에 관련된 전설이 전해오는 곳이다.

오랜 옛날 지금의 금일읍 구동에 성도 모르고 이름도 불러주는 사람 없이 천하고 외롭게 살아가던 늙은 부부가 있었다. 이들 부부는 아들 형제와 딸 하나를 두고 살았는데 어느 날 남편이 먼저 세상을 떠나고 말았다.

남편이 세상을 떠나자 욕심 많은 큰아들은 집과 세간들을 모두 차지하고 동생을 집에서 쫓아내고 말았다. 더군다나 과년한 딸과 늙은 어머니까지 동생에게 떠맡겼다. 동생은 할 수 없이 바닷가에 움막을 치고 산과 바다로 돌아다니며 그저 사람이 먹을 수 있는 것은 무엇이나 가져와 어머니를 극진히 봉양하고 동생을 거느렸다.

어느 가을 날 해초나 뜯을 생각을 바닷가에 나갔다가 운 좋게 큰 고동 한 마리를 잡았다. 기분이 좋아진 동생은 혼잣말로,

"옳다 우리 엄매 갖다주자"

하면서 고동을 바구니에 잡아 넣었다. 그러자 어디선가 동생의 말을 그대로 흉내를 내는 것이었다.

"옳다 우리 엄매 갖다 주자."

완도 금일읍 구동

　이상하다고 생각하고는 허리를 펴고 사방을 살펴보았다. 주위에는 사람이라고는 아무도 없었다.
　다시 허리를 굽혀 갯바닥을 살펴 봤더니 바로 앞 바위틈에 조그만 남생이 한 마리가 그대로 흉내를 내고 있는 것 같았다. 그러나 믿기지 않아 또 큰 고동이 있어 이를 잡으며 이번에는,
　"옳지, 이놈은 우리 동생 주자"
　하며 살폈더니 영락없이 그 남생이가 따라 하는 것이었다. 마지막에 고동 한 마리 더 있어 이번에는,
　"이제 이건 내거."
　하며 한번 더 살폈더니 틀림 없는 남생이었다.
　동생은 큰 고동 세 개와 말하는 남생이도 같이 잡아가지고 집에 돌아왔다. 어머니와 동생에게 남생이를 보이면서 말을 시켜 보니 여전히 말을 하는 것이었다. 이를 본 누이동생은 눈을 반짝이며 이렇게 말을 했다.
　"남생이를 가지고 장흥골에 가서 사람들에게 구경을 시키면 좋은 돈벌이가 되겠다."
　이 말에 동생은 말하는 남생이를 가지고 장흥고을을 돌아다니며 사람들에게 구경을 시키고 돈과 곡식을 받아 섬으로 돌아왔다.
　이 소문을 들은 형이 부리나케 찾아왔다.

"동생! 그 남생이 좀 빌려 가야겠네."

형은 남생이를 빼앗다 시피하여 빌려 가 동생과 같이 남생이를 가지고 육지로 나갔다.

"자, 말하는 남생이 구경하세요."

사람들을 불러 모아놓고 남생이에게 말을 시켰다. 하지만 남생이는 꼼짝도 하지 않고 오히려 껍질 속으로 머리를 숨겨 버렸다.

"별 싱거운 사람 다 보겠네."

"순 사기꾼이네. 남생이가 어찌 말을 한단 말인가."

사람들한테 망신만 당한 심술 고약한 형은 화가 나서 그 자리에서 남생이를 밟아 죽여 버렸다. 뒷날에야 이 소식을 들은 동생은 부랴부랴 남생이를 죽였다는 육지로 찾아 나섰다.

죽은 남생이는 벌써 쉬파리가 엉기고 있었다. 형에게 남생이를 빌려 준 것이 후회되었지만 어쩔 수 없는 일이었다. 동생은 죽은 남생이의 시체를 모아 곱게 싸가지고 집으로 올아와 앞마당 양지바른 곳에 무덤을 만들어 장사를 지내 주었다.

봄이 되자 남생이의 무덤에서 나무가 한 그루 생겨나더니 빠른 속도로 자라나 가을에 탐스런 열매가 맺혔다. 먹음직스러워 따먹어 보니 그 맛이 기가 막혔다. 그 다음 해에는 엄청나게 많이 열려 이웃에 나눠 주기도 하고 장흥으로 내다 팔기도 하였다. 이 소문을 들은 과일장수들이 한 사람 두 사람 모여들게 되어 동네가 차츰 커지게 되었다. 그러나 동네 이름이 생기게 되었는데 자연 '남생이 동네'라 부르게 되었는데 뒷날 관에서 관리가 유식하게 한다고 '구동龜洞'이라 고쳐 썼다고 한다.

전남

완도 금일金日의 칠기도七岐島

全南 莞島군 金日읍 都莊리 七岐島. 금일읍 면사무소에서 북서쪽으로 6km 정도 떨어져 있는 도장항 바로 앞바다에는 7개의 무인도 섬이 띄엄띄엄 떠 있다. 이 섬들이 칠기도다. 강진군 마량항에서 금일읍의 도장항으로 가는 도선을 타고 40분 정도 가다 보면 갈매기처럼 하얗게 떠 있는 나시마 양식장의 부표들 사이로 징검다리 같은 이 섬들을 볼 수 있다.

이 칠기도는 무인도이긴 하지만 옛날부터 해조류가 많이 생산되어 그 소유권의 분쟁이 많았는데 씨름 한판으로 이를 해결하였다는 이야기가 전해 온다.

약 300여년 전의 일이다.

칠기도는 어느 지역보다 해산물이 많이 생산되었기에 이 곳을 탐내지 않는 사람이 없었다. 자연 칠기도와 가까이 있는 마을에서 서로 그 소유권을 주장하였으나 칠기도 자체가 하나의 섬이 아닌 7개의 섬으로 흩어져 있기 때문에 어느 섬을 기준으로 하느냐에 따라 그 소유권 주장이 달라질 수 밖에 없었다. 그러다 보니 인근에 있는 4개의 마을에서 서로 그 소유권을 주장하는 다툼이 가장 많았다.

현지 유지들의 조정이나 협상이 없었던 것도 아니었으나 번번이 실패하고 말았다.

다툼이 가장 치열했던 어느 해 자체적으로 도저히 해결이 되지않자 결국

완도 금일

당시 장흥현長興縣에 이를 제소하기에 이르렀다.
　장흥부사를 판관으로 삼아 마을들 사이에 재판이 벌어지게 되었다. 그런데 장흥관헌에서는 이 핑계 저 핑계로 재판을 십 년 넘게 질질 끌었다.
　이쪽 어민들이 찾아가면 이쪽 어민들에게 유리하게 말을 하고 저쪽 어민들이 찾아가면 저쪽어민들에 유리하게 말을 하면서 요리조리 어민들의 돈만 우려내고 있었다. 이렇게 되자 마을에서는 재판비용을 대기 위하여 입에 들어갈 것마저 팔아야 하고 땅도 집도 다 처분해야 될 형편에 이르게 되었다.
　어느 날, 그 날도 재판을 받기 위하여 소송당사자인 4개 마을 대표자들이 관헌들에게 갖다 바칠 해산물들을 짊어지고 장흥현으로 가던 중 자울재峙에서 같이 쉬게 되었다. 소송이 계속되면서 서로 원수같이 말도 하지 않고 지내던 처지인지라 같은 자리에 앉아 쉬면서도 서로 돌아앉아 흘겨보기만 하였다. 하지만 이들은 서로 몸과 마음이 지칠 대로 지쳐있었다. 칠기도를 누가 차지하든지 재판이 빨리 끝났으면 좋겠다는 생각을 하고 있었다. 이 때 이런 마음을 대변이라도 하는 듯 한 사람이 나섰다.
"이 원수놈이칠기도 재판 때문에 우리 모두 못살게 되었소. 그렇다고 이 재판이 오늘 내일 끝날 것 같지도 않으니 차라리 우리 내기를 해서 재판을 끝맺음하는 것이 어떻겠소."
이 말에 사람들은 시큰둥한 표정으로 대답은 했지만 모두 마음속으로는 찬성을 하였다.
"무슨 내기를 하자는 이야기요."
"촌에서 별 것이 있겠소. 씨름으로 합시다."
서로 자기 마을 장정들을 생각하고는 한번 해 볼만 하다고 나름대로 생각을 하였다. 사실상 재판이 빨리 끝났으면 하는 마음이 이를 더 부채질 하였다.
날을 받은 며칠 뒤 드디어 씨름판이 벌어졌다. 마을을 위한 씨름이기에 살벌하기까지 하였지만 결국 도장리 대표였던 조曺장사가 이기게 되었다. 이에 칠기도는 도장리에서 차지하게 되어 지금까지 내려오고 있다.
이러한 이유로 이 고장에서는 지금도 씨름 한 판이 30년 재판보다 낫다는 말이 자주 쓰여지고 있다.

완도 신지도 울 모래

　전남 완도군 신지면 임촌. 완도읍 도선장에서 동남 쪽으로 5km정도 떨어져 있는 신지도란 섬이다. 면적은 31평방미터 이고 인구는 약 5000명이다. 완도읍에서 도선을 타고 10여 분 가면 닿게 된다. 다시 그 곳에서 10여 분 차를 타고 들어가면 유리알처럼 투명하여 눈이 부시는 은빛 모래가 십 리나 뻗어 있는 아름다운 해안이 펼쳐진다. 이 곳이 전국에서도 유명한 임촌리 명사십리鳴沙十里 해수욕장이다. 이 명사십리의 모래는 날씨가 나쁜 날이나 파도가 있는 날이면 우- 소리를 내며 운다고 하여 옛날에는 신지도의 울 모래라 했다고 하는데 이 우는 소리가 얼마나 큰지 인근 고금면에서도 들을 수 있었다고 전한다.

　조선조 25대 임금인 철종 때1860. 11. 6, 철종의 사촌 동생인 경평군景平君 29세 이세보李世輔가 완도군 신지도에 귀양을 오게 되었다.
　당시 왕실에서는 임금의 외척인 안동 김씨 일파의 세도가 하늘을 찌를 듯 하였는데 그들은 자신들의 세도를 유지하기 위하여 왕실에 기둥이 될 만한 인척은 모조리 중상모략으로 쫓아내고 있었다. 이때 이세보도 아무 이유 없이 왕족의 신분에 영특하다는 이유 하나만으로 유배생활을 하게 된 것이다. 이세보는 억울하고 원통했지만 어쩔 수 없이 속으로 울분을 삭이며 글과 갯일을 소일 삼아 세월을 보냈다. 허나 그것은 이세보에게는 죽은의 세월이었다. 뜻이 있으되 펴지를 못하고 생각이 있으되 나타내지 못

신지도 명사십리

하였으니 이것이 바로 죽음의 세월이 아니겠는가.
 그는 달이 밝은 밤이면 명사십리에 나가서 망향의 설움과 울분을 바다에 토해 내었다. 그렇게 마음을 달래고 마음이 가라앉으면 은빛으로 반짝이는 아름다운 모래 위에 망한望恨의 시를 밤이 새도록 적고 지우기를 반복 했던 것이다.

> 등잔불은 어둑어둑 장마비는 주룩주룩,
> 병든 몸 홀로 누워 모기에게 뜯기누나.
>
> - 이세보의 신지도 귀양살이 고달픔을 읊은 시 -

 그러나 이세보는 결국 귀향지에서 풀려 나지 못한 채 애절한 통한痛恨을 안고 이 곳에서 4년 간이나 살다가 병으로 죽고 말았다. 그 후 이세보의 원한 맺힌 죽음을 슬퍼했던지 날씨가 나쁘거나 파도가 치는 날이면 백사장은 대장부의 한을 토하듯 우-소리를 내면서 울기 시작했다고 한다. 그래서 이 곳을 '울모래릉'이라 불렀다고 하는데, 그 뒤 섬사람들이, 우는 모래 소리가 십 리나 뻗어 나간다고 하여 명사십리란 이름으로 바꿔 부르게 되었다고 한다.

　그런데 이 전설은 80년도 전남도에서 발행한 '어촌 속담집'에는 수록되어 있으나 실제 이 지역 역사를 잘 안다는 이수교李守敎, 70세씨나 마을 주민들은 이 전설을 알지 못하고 다만 파도치는 날이면 모래 우는 소리가 바다건너 고금면까지 들린다는 이야기만 한다. 또한 모래를 밟으면 뽀드득 뽀드득 소리를 내며 운다고 하여 울모래라 불렀다는 주민들의 이야기도 있다.

　또한 이 곳 모래는 옛날부터 유리의 재료가 되어 일제시대 일본사람들이 이 모래를 채취하여 일본으로 가져가려 했을 때 온 동민들이 일어서서 이를 막았다고 한다. 그 때 그들이 있었기에 지금 우리는 이렇게 아름다운 명사장을 보고 즐길 수 있는 것이 아닌가 한다. 이 섬은 독립투사가 많이 나왔다고 하여 기념탑이 있는 전국 유일의 섬이기도 하다.

진도 굴포 용왕신당

부모는 잊고 지냈던 옛날 딸아이의 생각이 났다. 그러나 그 애가 살아 있을 것이라고는 생각 할 수 없었다. 핏덩어리와 같은 어린 것이 무인도에서 혼자 살아남을 수 없기 때문이다.
"너가 아무래도 잘못 봤을 것이다. 내일 다시 한번 봐라."
아들은 다음날 다시 산에 올라 소매물도를 살펴봤다. 그러나 그 날은 나무를 다 하도록 연기가 나지 않았다.
'아버지 말이 맞는가 보다. 내가 헛것을 봤던 모양이구나.'
아들은 이렇게 혼자 생각을 하고 막 산에서 내려오려는데 그때 소매물도에서 연기가 피어올랐던 것이다. 분명 어제와 같은 장소에서 계속하여 피어오르고 있었다. 집에 돌아가 다시 아버지에게 말씀드렸지만 믿으려 하지 않았다.
아들은 아무래도 너무 궁금하여 그냥 있을 수가 없었다.
뒷날 뗏목을 타고 소매물도로 건너갔다. 짐작으로 연기가 나던 곳을 찾았다. 과연 그 곳에는 움막이 있었다. 그리고는 원시인 차림을 한 처녀가 멀리서 자기를 지켜보고 있었다. 이 처녀는 권씨 부부가 갖다 버린 딸로 이들은 남매지간이었지만 이것을 그들은 알 리가 없었다.
처녀는 처음에는 아들을 경계하다가 먹을 것을 주고 부드럽게 대하자 가까워졌고 외롭고 젊었기에 아무도 가르쳐 주지는 않았지만 곧 사랑에 빠지고 말았다. 그 순간 구름이 몰려오고 비바람이 휘몰아치는 천둥이 내리

진도 굴포 용왕신당

쳤다.

  남매는 천륜을 어긴 것이다. 그랬기에 그들은 그 죄로 그만 그 자리에서 바위로 변하고 말았다. 비가 멎고 날이 개인 뒤 이들 두 개의 바위는 서로 멀찍이 떨어져 있었다. 그러나 떨어져 있는 바위는 지금도 3년, 6년, 12년, 24년, 48년, 이런 식의 배수가 되는 해에는 서로 굴러서 한밤중에 남몰래 만났다가 해가 뜰 무렵에는 제자리로 돌아간다고 하는데 이 바위들은 만나는 시간에는 비가 쏟아지고 번개가 친다고 한다.

  이 곳 사람들은 이런 슬픈 전설을 가지고 있는 이 바위를 남매바위라 부르고 있다.

진도 벽파진의 노인 신당

　전남 진도군 고군면 벽파리, 진도읍에서 동북방으로 12km 떨어져 있는 항구다. 지금은 겨우 명맥만 유지하고 있는 초라한 항구지만 진도에 연륙교가 설치되기 전까지는 이 곳이 4km 남짓하게 떨어져 있는 육지와 연결되는 유일한 관문으로 상당히 흥청거렸던 항구였다. 이 항구로 들어가는 입구 왼손 편으로 파출소가 있고 이 파출소 바로 위 노변 언덕 밑에는 노인 신을 모신 감실이 제각도 없이 시멘트 바닥 위에 초라하게 놓여 있다. 그러나 이 노인 신은 이 곳을 항해 하는 뱃사람들에게는 그럴 수 없이 고마운 신으로 모셔지고 있다.

　옛날 이 벽파리에는 지금의 해남군 황산면 옥동까지 가는 나룻배가 있었다. 이 나룻배에는 어질고 힘세고 착한 사공이 있어 하루도 쉬지 않고 오고 가는 길손들을 실어 날랐다.

　하루는 이 나룻배 사공이 파도도 잔잔하고 날씨도 좋아 길손 십여명을 태우고 벽파리를 떠나 옥동으로 부지런히 노를 저어갔다. 그런데 벽파리 앞의 감부섬동경126. 21 '북위 34. 32'까지 갔을 무렵이었다. 웬 백발 노인이 난데없이 벽파 부두에 나타나 사공을 급히 부르는 것이었다.

　"여보, 사공! 여보, 사공! 내가 갈 길이 급하니 함께 갑시다."

　배와 상당히 먼 거리인데도 다급해하는 백발 노인이 모습이 선명하게 보일 뿐 아니라 애원하다시피 하는 목소리도 너무나 또렷하였다. 배가 다시 돌아가 노인을 태우고 온다는 것이 여간 번거로운 일이 아니라는 것을 알

벽파진의 노인신당

면서도 어질고 착한 사공은 차마 백발노인의 애절한 부탁을 거절하지 못해 죄라도 지은 양 배에 탄 길손들에 양해를 구하고 다시 배를 돌려 벽파리 선창으로 갔다.

그런데 배가 백발 노인이 서있던 부두로 들어와 보니 그렇게도 배를 태워 달라고 애걸 복걸하던 그 백발 노인은 온데 간데 없었다. 사공이 아무리 목청껏 불러도 보고 주변을 찾아 보아도 찾을 수가 없었다. 이상한 일이라고 생각하고는 어쩔 수 없이 다시 돌아가기 위해 바다를 돌다 보니 배를 돌렸던 그 자리에는 큰 회오리바람이 불어 파도가 하늘로 치솟고 있었다. 만약 배가 돌아오지 않고 그대로 갔었다면 꼼짝없이 회오리바람에 휘말려 죽고 말았을 것이었다.

그제야 사공과 길손들은 자기들을 구해주기 위하여 노인 신이 사람으로 변하여 나타난 것임을 알았다.

사공과 길손들은 엎드려 감사의 절을 올리고 은혜를 값기 위하여 합심하여 벽파진 노변 언덕 밑에 조그만 사당을 지어 노인 신을 모셨다.

이후에도 바다 날씨가 나쁜 날은 꼭 이 노인 신이 나타나 배들이 출항하려면 못하게 막았다고 하며, 이 사당 앞에서 소변을 보면 성기가 붓고 부정한 짓을 하면 화를 당한다고 이 곳 사람들은 말하고 있다. 원래 이 노인 신당에는 옥으로 만든 흰 수염이 있는 노인상을 모셨으나 20여년 전 이 노인상이 없어지고 난 후부터는 노인신의 영험이 없어져 동민들이 다시 자기로 30cm크기의 조그만 노인상을 만들어 감실에 모셨다고 한다. 지금도 이 곳 사람들은 이 곳을 오고가는 여객선과 이 곳을 지나는 어선들의 안전 항해를 위하여 해마다 정월 초하루에 제사를 지내고 있다고 한다.

이 곳의 또 한가지 전설은 하늘구렁이와 큰 지네가 벽파리 앞 바다에서 어쩌다 한 번씩 싸움을 하는데 이럴 때는 벽파 앞바다 물이 들끓고 그 파도는 하늘을 찌르른 듯 하다고 하였다.

진도 뽕할머니

　전남 진도 고군면古郡 회동리回洞 85호의 회동곶과 의신면義新 모도리茅島 43의 모도곶 사이의 바다, 음력 2월 그믐 때가 되면 직선거리 2km 정도나 되는 이 바다가 신비의 바닷길이 열리어 국내외 관광객들이 해마다 수 없이 몰려와 '현대판 모세의 기적'을 본다. 그러나 진도에서는 뽕할머니라는 분이 부처님과 용왕님께 빌어 이런 기적이 일어나게 되었다고 전해 내려오고 있다.

　지금으로부터 약 500여 년 전 조선조 초1480경에 손동지孫同知라는 사람이 제주도로 유배되어 가던 도중 심한 풍랑을 만나 배가 전복되어 지금의 진도군 고군면 회동마을당시는 호동리로 표류하게 되었다. 그 후 손동지는 유배지나 고향으로 가지 않고 이 곳에 정착을 하고 말았다. 그 자손들도 계속 이 곳에 터를 잡고 살았으나 이 마을에는 유난히 호랑이가 많아 그 피해가 날로 심해져 갔다. 가축은 물론이고 사람까지 잡아 먹으니 더 이상 살기가 어려워 졌다.

　어느 날 또다시 호랑이가 나타났다는 소문에 공포에 질린 마을 사람들은 정신없이 뗏목을 타고 지금의 의신면 모도 마을로 피난을 가게 되었다. 그런데 정신 없이 피난을 가다가 보니 그만 봉鳳할머니일명 뽕 할머니를 놓아 두고 온 것을 알게 되었다. 그러나 마을 사람들은 호랑이가 무서워 아무도 뽕 할머니를 모시러 가지 못했다.

뽕할머니당

어촌의 전설 「진도의 뽕할머니」

한편 홀로 남은 뽕 할머니는 흩어진 가족들을 만나고 싶어 매일같이 바닷가에 나와 용왕님과 부처님께 기도를 드렸다.
"부처님, 부처님의 가피력으로 용왕님을 동원하여 저 바다를 건너 가족을 만나게 하여 주십시오."
이렇게 매일 같이 정성을 다하여 기도를 올리자 그 해 음력 2월 그믐, 꿈속에서 용왕님이 나타나서 말을 했다.
"당신의 기도는 결코 헛되지 않을 것입니다. 부처님의 가피력으로 내가 용기를 내어 다리를 놓되 무지개 다리로 놓을 테니 다리를 보거든 지체하지 말고 곧 바다를 건너십시오."
꿈에서 깨어난 할머니는 급한 마음에 날이 새기도 전에 곧 바로 바닷가로 나갔다. 샛별이 빛나는 새벽이 지나고 붉은 태양이 먼 지평선을 뚫고 솟아올라 중천을 넘어섰을 때 바다에서「지잉-」하는 이상한 소리와 함께 호동곶회동곶과 모도곶 사이에 무지개가 드리워 졌다. 곧 이어 바다가 갈라지면서 바닷길이 생기는 것이었다. 할머니는 어찌나 좋은지 두 손을 불끈 쥐고 단숨에 바닷길을 건너갔다. 이를 본 건너마을 사람들도 환호성을 지르며 뽕 할머니를 맞이하러 뛰어 나갔다. 그런데 뽕 할머니는 너무 기뻤던지 동네 사람들을 만나자 그만 그 자리에서 심장이 멎어 죽고 말았다.
이를 애달프게 여긴 동네 사람들은 그 후 매년 3월이면 뽕 할머니의 명복을 비는 동시에 풍어와 소원성취를 기원하는 영등제를 지냈다고 한다. 또 이 날은 회동과 모도섬 사람들이 바닷길을 현장에서 서로 만나 낙지. 바지락 등을 잡으며 하루를 보낸다고 한다. 이는 조수 간만의 차이에서 일어나는 현상이지만 1975년 주한 프랑스 대사로 있던 '피에로 랑디'가 모세의 기적이라고 소개함으로서 세계적인 관광 명소가 되었다. 지금 군에서는 회동리 바닷가에 뽕할머니의 제각을 짓고 거군적擧郡的으로 영등제를 지내고 있다.

전남

진도 팽목마을 탈상바위

　전남 진도군 임회면 팽목리鈴島郡 臨淮面 彭木里 팽목리 곶의 선착장. 진도읍에서 서남쪽으로 24km 떨어진 곳에 있다. 지금의 선착장은 얼마 전에 해안의 산을 깎아 내어 새로 만든 것이다. 최근에는 조도鳥島와 볼매섬觀梅島을 연결하는 쾌속 여객선이 수시로 왕래하고 있지만 옛날에는 풍선風船이나 노를 저어 섬들을 오갔다. 이 선착장 바로 뒤쪽, 조도를 마주 보고 있는 난뿌리라는 해안에 평퍼짐한 바위 하나가 있다. 옛날 이 곳 사람들은 이 바위를 탈상바위라 불렀다 한다.

　옛날 조도에 3년 전에 부친을 여읜 효성이 지극한 상재라는 어부가 부인과 같이 노모를 모시고 단란하게 살았다. 아버지 탈상일이 다가오자 가난했던 상재는 제상 준비가 걱정되었다. 마침 이 때 칠산 앞바다에 조기가 많이 난다는 소문을 듣고 조기잡이를 나섰다. 소문대로 조기가 많이 잡혀 탈상 일이 하루 앞으로 다가 올 때까지 조기를 잡다가 부랴부랴 집으로 돌아가기 위하여 노를 저었다. 그런데 그 때 갑자기 폭풍이 불면서 산더미 같은 파도가 일기 시작했다. 상재는 있는 힘을 다해 노를 저었지만 불가항력이었다. 이런 상태에서는 도저히 조도로 들어갈 수 없다고 판단한 상재는 일단 팽목마을로 피항을 했다. 그러나 바람은 더욱 세차게 불기만 했다. 설마 내일이면 바람이 자겠지 생각하고 기다렸지만 바람은 탈상날까지도 자지 않았다. 상재는 어쩔 수 없이 팽목마을로 올라가 술과 간단한 음식을 장만하고 상복을 빌려 조도와 가장 가깝고 잘 보이는 팽목리 곶의 갯가 바위에 올랐다. 이 곳에서 가져온 제물을 차리고 상복을 입은 후 고향집을 바라보며 망곡요배望哭遙拜를 하였다.

조도의 집 쪽을 보며 얼마나 곡을 하였던지 상재는 그만 정신을 잃고 말았다.

뒷날 정신을 차렸을 때는 날씨가 좋아져 있었다. 바쁘게 노를 저어 집에 돌아와보니 집안은 너무나 조용하였다. 이상하다 생각하고 집안을 살피는데 아내가 노모를 부축하며 싸리문으로 들어서면서 상재를 보고 놀라면서 쳐다봤다.

"아니 당신이 아버님 산소에 올라간 뒤 어머님과 내가 저 옆 채전에서 당신이 내려오기를 기다리고 있었는데 언제 내려왔습니까?"

상재는 자기의 불효를 꼬집는 줄 알고 민망해 하며 아내의 표성을 살피니 진심으로 이야기 하는 것 같았다.

진도 팽목회 탈상바위

어머니께서도 상재를 처다 보며 측은한 표정으로 위로를 하였다.
"그렇게 비바람 속을 뚫고 와서 잠 한숨 못자고 탈상하고는 왜 산소는 혼자 다녀 오느냐! 어서 방에 들어가 쉬도록 해라."
상재는 아무래도 이상한 일이라 생각하고는 아내에게 자초지종을 물었다.
아내는, 당신이 어제 밤 그 폭풍우 속에 비와 바닷물에 흠뻑 젖은 채 돌아오시어 아버지의 탈상을 지내고 오늘 아침 혼자서 산소에 다녀온다고 말하고는 산소가 있는 산으로 올라갔다는 것이었다.
상재는 그제야 어제 저녁 비바람을 맞으며 바위 위에서 망곡요배 하며 탈상을 하다 정신을 잃었던 것을 생각하고는 하늘이 자기의 효성을 갸륵히 여겨 자기의 혼을 집에 보내 가족과 함께 탈상을 하도록 도왔다는 것을 알게 되었다. 그 이후 상재는 매년 그날 밤이면 그 바위에서 제사를 지냈다고 한다.
이때부터 이 바위를 탈상바위라 불렀다고 하는데 지금은 해안도로와 선착장 공사로 인해 주변환경이 많이 변하여 탈상바위를 정확히 아는 사람이 없다. 또한 전설에 의하면 상재라는 사람은 조기를 잡으러 가서 폭풍을 만난 것이 아니고 노모의 건강이 좋지 않아 백방으로 약을 구하던 중 진도읍 북상리의 구기자가 좋다는 이야기를 듣고 이를 구하기 위하여 갔다가 구기자와 그 뿌리까지 구하여 돌아오던 중 폭풍을 만나 조도에 들어가지 못하여 탈상바위에서 탈상을 했다고도 한다.

전남

신안 홍도紅島의 탑상搭像골

전남 신안군 흑산면 홍도. 목포에서 115km나 떨어져 있는 섬으로 쾌속 여객선으로도 2시간 30분 이상이 소요된다.

이 섬의 뒷대목竹項에서 석촌石村리를 가는 중간 길목에 마치 탑을 쌓아 올린 듯한 암벽의 계곡이 있다. 이 곳에 밑 폭이 4m, 높이가 15m나 되는 바위가 있는데 이 바위를 탑바위 또는 남탑男塔이라 부르고 있고 이 탑이 있는 건너편 산너머 절벽에도 역시 탑의 모양을 한 바위가 있는데 이 바위를 여탑女塔이라 부르고 있다.

옛날 홍도가 무인도였을 때의 일이다. 대흑산도의 한 청년이 풍랑을 만나 홍도에 표류하게 되었다. 청년은 매일 바닷가에 나와 배가 이 섬 앞을 지나가기를 기다렸다. 하루가 가고 이틀이 가고, 매일매일이 지루하고 초조했다. 그래서 청년은 바닷가에 널려 있는 돌들을 주워 모아 바위 위에 탑을 쌓기 시작했다. 탑을 쌓기 시작할 때는 지루하고 초조한 시간을 보내기 위한 것이었지만 탑에 돌들이 쌓여 갈 수록 이 탑에 들이는 정성이 더해 갔고 그와 동시에 이 탑이 완성되어야만 자기가 구조 될 수 있을 것이란 믿음도 생겨났던 것이다.

그런데 이 청년이 있는 계곡의 산너머에는 이 곳을 지나다 난파된 중국 배에서 유일하게 살아남은 아름다운 여인이 표류하여 살고 있었다. 이 여인은 섬의 제일 높은 봉368m에 나무를 꺾어 깃대를 만들고 그 곳에 자신의

홍도 탑바위(남탑)

옷을 걸어 놓고 매일같이 자신이 구조되기를 기다리고 있었다.

 한편 청년은 어느 날 탑을 쌓다가 혹시나 먼 곳으로라도 지나가는 배가 없을까 하고 높은 곳으로 올라가 먼바다를 보다가 우연히 산봉우리에서 깃대에 사람의 옷이 걸려 있는 것을 보고 산 봉우리까지 올라가 보게 되었다. 이 곳에서 청년은 생각지도 못했던 아름다운 여인을 만나게 되었던 것이다. 비록 말은 통하지 않았지만 서로 반가운 마음은 말로 표현할 필요가 없었다. 이들은 서로 외로운 처지인지라 금방 정이 들어 부부가 되었다. 그러나 청년은 자기가 쌓고 있는 탑이 완성되어야만 자신들이 구조될 것 같은 마음에는 변함이 없었다.

 "아무래도 우리가 구조되려면 지금 내가 쌓고 있는 탑이 완성 되어야 할 것입니다. 그 때까지 우리는 서로 떨어져 있어야 합니다."

 "언제 끝나는 지요."

 "열심히 하면 곧 끝날 것이요. 그때까지만 참고 기다려주시오."

이렇게 말을 하고는 부인과 헤어졌다. 그리고는 열심히 탑을 쌓았다.

혼자 남은 여인은 청년을 만나기 전보다 더 외로움을 느꼈다. 그래서 자신도 남편이 탑을 쌓고 있는 산너머 건너편에 자리를 정하고 탑을 쌓았다. 그러나 금새 싫증이 나고 짜증만 났다. 자꾸만 남편만 눈앞에서 아른거릴 따름이었다. 도저히 더 참을 수가 없어 여인은 남편을 만나기 위해 길을 나섰다. 그러나 험한 산을 넘어 가기에는 마음이 너무 급했다. 그래서 가까운 바다 길을 택하였다. 이 바다길은 11개의 암초들을 뛰어 넘지 않으면 안되었다. 그래서 그 암초들을 하나하나 뛰어넘다 그만 중간에서 물에 빠지고 말았다. 허우적거리며 청년을 불렀지만 산너머 멀리 있는 청년에게 들릴 리가 없었다. 결국 여인은 물에 빠져 죽고 말았다. 이때 이 여인이 밟았다는 암초를 지금 이 곳 사람들은 '서방여'라 부르며 여인이 자리잡고 있던 곳을 '서방여골'이라 하고 여인이 옷을 벗어 깃대를 만들어 세운 산봉우리를 깃대봉이라 한다.

마침 탑을 완성한 남편은 이제 우리는 구조 될 것이란 기쁜 마음으로 부인을 찾아갔지만 부인은 보이지 않았다. 부인의 이름을 부르며 이 곳 저 곳 산과 바다를 뒤졌지만 찾지 못했다. 결국 뒤늦게 부인이 죽은 것을 알고는 슬픔과 외로움에 고향인 대흑산도가 보이는 바닷가에 나와 슬프게 울었는데 이 곳에는 많은 바위섬과 암초들이 널려 있어 훗날 이 곳을 '슬픈여'라 부르게 되었다고 한다. 또 다른 전설에 의하면 탑바위를 부부탑이라고도 한다고 한다.

옛날 자녀를 낳지 못한 부부가 있었는데 어느 날 꿈에 백발노인이 나타나 목욕재계하고 부부탑에 축원하면 아들을 얻으리라고 현몽하기에 그대로 했더니 정말 아들을 얻게 되었다고 한다. 그 후부터 아이 없는 부녀자들은 이 부부탑에 와서 축원을 한다고 한다.

전북

부안 변산반도의 수성당水聖堂
부안 위도의 피동지皮同知 구멍

부안 변산반도의 수성당 水聖堂

　전북 부안군 변산면 격포리 죽막동. 격포리에서 채석강과 격포 해수욕장을 지나서 해안 도로로 2km 쯤 가면 적벽강赤壁江이라는 곳이 있다. 이 일대가 죽막동竹幕洞이라는 어촌이다. 이 어촌의 바로 뒷산, 바다로 돌출한 정상의 절벽 위에 울창한 소나무와 동백나무 사이로 칠산바다의 수호신을 모신 수성당이라는 당집이 있다. 이 곳을 대마大馬골이라 부르며 여기서 왼편쪽으로 몇발 나와 밑을 내려다 보면 깎아지른 두 개의 절벽 사이로 깊게 패인 협곡에 시퍼런 바닷물이 소용돌이 치는 모습을 볼 수 있다. 이 곳은 대마골의 여울굴이라 한다.

　옛날 이 대마골 근처 마을에 마음씨 착한 고기잡이 형제가 앞을 못 보는 늙은 어머니 한 분을 모시고 살고 있었다. 형은 날마다 바다에 나가 고기를 잡고 동생은 산에 가서 나무도 하고 밭에 나가 농사일도 하면서 비록 가난하기는 하나 어머니를 정성껏 봉양하며 의좋게 살아가고 있었다. 그러던 어느 날 형이 아침 일찍 일어나더니 기분이 좋아 싱글벙글 하였다.
　"형은 뭐가 그리 좋아?"
　"어제 밤에 만선 꿈을 꾸었으니 오늘은 큰 고기를 잡을 것이다."
　이렇게 만선의 부푼 꿈을 안고 여느 날과 같이 앞 못 보는 어머니에게 인사를 하고 바다로 나갔다. 그러나 큰 고기를 잡아 온다던 형은 밤이 늦도록 돌아오지 않았다. 뒷날도 돌아오지 않자 동생은 형을 찾아 바다로 나갔

변산반도 수성당

다. 그러나 동생마저도 행방불명이 되고 말았다.

집에 혼자 앉아서 두 자식을 애타게 기다리던 앞 못 보는 어머니는 아무리 기다려도 자식들이 돌아오지 않자 자식들을 찾아 더듬더듬 바닷가로 간다는 것이 그만 대마골 여울골로 들어갔다. 이 곳에서 자식들의 이름을 목메이게 불렀다. 부르는 소리가 여울골 속에 부딪혀 메아리가 되었는데 어머니의 귀에는 그 메아리가 자식들의 대답소리로 들렸다. 어머니는 너무나 반가워서 소리가 나는 곳으로 한발 한발 앞으로 나가다 그만 절벽 밑 깊은 여울골 속으로 떨어져 죽고 말았다.

그 후 세월이 흐른 어느 청명한 날, 순풍에 돛을 단 배 한 척이 미끄러지듯 여울골로 들어와 멈추었다. 그 배에는 두 청년과 아름다운 아가씨 두 사람이 타고 있었는데 이들은 바로 행방불명 된 고기잡이 두 형제였다. 이들은 그 때 바다에 빠져 죽은 것이 아니라 서해바다 어딘가에 있다는 봉래도의 성인들이 마음씨 착한 형제를 데려가 도술을 가르쳤던 것이다.

이들은 여울골 앞에서 어머니가 이 곳에서 돌아가신 것을 알고 여울골을 향해 재배를 하였다. 절을 하고 나자 여울골의 푸른 물이 점점 골 위로 차 오르더니 이윽고 백발 노인 한 분이 불쑥 튀어나와 형제들 앞에 섰다.
"스승님! 나오십니까?"
청년들은 노인 앞에 정중히 인사를 하였다.
"그 동안 너희들의 수고가 많았다. 이제 마지막으로 너희들에게 황금부채 한 개씩을 줄 것이니 한 개는 나라를 구하고 다른 한 개로는 마을을 구하여라. 너희 어머니는 내가 편안히 모시고 있을 것이니 염려 말아라."
노인은 이렇게 말을 하고는 여울골 속으로 사라졌다.
형이 먼저 그가 받은 황금부채로 바다를 향하여 부채질을 해보았다. 갑자기 큰 바람이 일며 파도가 산더미 같이 치솟았다. 이번에는 동생이 가진 부채로 부채질을 하니 거짓말 같이 그렇게 치솟던 파도가 조용해졌다. 형제는 노인에게 감사하고 그 은덕을 잊지 않기 위해 여울골 옆에 지금의 水聖堂을 짓고 노인을 받들어 모셨다. 그랬더니 여울골 속에서 철마 한 마리가 나왔다. 이 철마는 이들 형제만이 탈 수 있으며 평상시에는 주먹만 했다가 이들 형제가 타면 큰 말이 되었다.
적이 나타나거나 왜구가 노략질을 하러 오면 형이 이 철마를 타고 비호처럼 달려가 황금부채를 부쳐 적의 배를 모조리 침몰 시켰으며 마을 사람들이 풍랑을 만나 위험하게 되면 동생이 황금부채를 부쳐 그들을 구했다.
그 후 이들 형제가 죽은 뒤 철마 만이 여울골 속에 남아 있었는데 어느 마음씨 나쁜 사람이 이 철마를 훔쳐다 깊숙한 곳에 감추고 자물쇠를 채워 놓아도 자꾸 없어졌다 한다. 이상히 여겨 여울굴에 와 보면 그 곳에 와 있으므로 또 훔쳐다 갔다 놓았더니 어느 날 여울굴 속으로 영원히 들어가 버려 다시는 나타나지 않았다고 한다.

부안 위도의 피동지皮同知 구멍

전북 부안군 위도면인구 약 1500여명, 면적11.2평방km의 위도란 섬이다. 대리. 해안의 풍광이 아름답기로 유명한 변산반도의 변산면 격포항에서 위도로 가는 카페리를 타고 뱃길로 40여분을 가면 위도의 선착장에 도착한다. 여기서 다시 차를 타고 10리 길을 가면 면사무소가 있는 진리라는 동네를 거쳐 이 섬의 맨 끝인 서남단의 바닷가에 도착한다. 이 마을이 대리라는 어촌으로 주요 무형문화제 제82호인 "띠배굿"으로 유명한 곳이다. 이 마을의 바닷가 절벽 밑 붉은 색을 띠고 있는 바위에 큰 구멍이 하나 있다. 이 구멍을 이 곳 사람들은 피동지 구멍이라 부르고 있다.

옛날 위도의 대장리에 피동지皮同知란 사람이 살았다. 성은 피씨지만 이름은 동지同知 벼슬을 했다 하여 그냥 피동지라 불렀다.
이 피동지는 어쩌나 마음씨가 고약하고 욕심이 많던지 동지라는 벼슬을 이용하여 칠산 어장의 세금을 혹독하게 받아 내어 어민들로부터 원성을 샀을 뿐만 아니라 이 세금을 착복하여 부자가 되었다.
그러자 그는 동민들을 하인처럼 부리는 안하무인이 되었다. 특히 그가 각처로 세금을 받으러 갈 때는 꼭 사인교를 타고 다니며 거들먹거렸다. 그런데 그의 하인들은 이 사인교를 서로 메지 않으려 슬슬 피해 다녔다. 어쩔 수 없이 메더라도 서로 앞쪽에서 메지 않고 뒤에서만 메려고 했다. 이유인즉 그는 가마가 조금만 기우뚱거리면 호통을 치며 담배대 대통으로 앞쪽

부안 위도의 피동지 구멍

교군꾼의 머리통을 서정없이 때릴 뿐만 아니라 담배를 피우고 나서는 교군꾼 머리통에다 뜨거운 담뱃재를 탕탕 털기 때문이었다.

어느 날 그 날도 사인교를 타고 거드름을 피우며 대리로 어장세를 받으러 가는 길이었다. 그런데 지금의 피동지 구멍이 있는 절벽 위를 지날 때였다. 길은 좁고 가파른데다 자갈이 많아 교군꾼들이 조심조심 갔는데도 그만 앞 쪽의 사인교꾼의 실수로 발이 미끄러지면서 사인교가 기우뚱하며 흔들렸다. 그러자 피동지가 담배를 피우던 대통으로 앞 교군군의 머리를 사정없이 내리쳤다. 어찌나 아프고 뜨겁던지 교군꾼은 그만 사인교를 잡았던 손을 놓고 쓰러지고 말았다. 그러자 사인교는 한쪽으로 기울어지면서 절벽 위를 굴렀고 그와 동시에 피동지는 절벽 아래 시퍼런 바닷물로 떨어져 버렸다. 교군꾼들은 갑자기 당한 일이라 우왕좌왕 하다가 정신을 차리고 절벽 아래로 내려가 보았다. 그랬더니 물에 빠진 피동지는 보이지 않고 피동지가 떨어진 그 자리에 구렁이 한 마리가 또아리를 치고 눈물을 흘리고 있었다. 이상한 일이라고 생각하고는 교군꾼들이 가까이 갔더니 그 구렁이는 슬그머니 그 옆 바위에 뚫린 구멍으로 들어가 버렸다.

이 때부터 이 곳 사람들은 이 구멍을 피동지 구멍이라 부르고있으며 이 일대 바다의 돌이 전부 붉은 빛을 띠고 있는데 이는 피동지의 피가 흘러서 그렇게 된 것이라 전한다.

이 피동지 구멍이 있는 대리大里마을 앞바다가 예부터 조기잡이로 유명한 칠산바다인데 이 곳에 조기가 한창 날 때가 되면 피동지 구멍에서 피동지 내외인 듯한 구렁이 두 마리가 가끔 나타나 뱃길을 막기도 하고 노를 휘감아 출어를 방해 하기도 하는데 이 때는 가지고 가는 점심밥 중에서 쌀밥만을 골라 뿌려 주면 이를 받아 먹고 돌아간다고 한다.

지금도 피동지 구멍에 가 보면 비록 구렁이는 볼 수 없지만 가끔 구멍 주변에서 넓적넓적한 구렁이 비늘을 볼 수 있다고 한다.

경기

강화 보문사 굴법당
김포 손돌의 여울
안산 잿머리 성황당

경기

강화 보문사 굴법당

　경기도 강화군 삼산면 매읍리, 강화도 외포리 선착장에서 배를 타고 십여 분 가면 석모도에 도착한다. 여기서 다시 해안도로를 따라 십여 분 차를 타고 가면 매읍리가 나오고 이 매읍리 뒷산인 석가산 기슭에 신라 27대 선덕여왕 4년(635)에 회정대사가 창건했다는 유명한 보문사가 있다. 이 보문사에는 천년동굴을 이용하여 입구에 세 개의 무지개 모양을 한 홍예문을 만들고 동굴 안에 불상들을 모셔 놓은 감실을 설치하여 석가모니불을 비롯한 미륵보살과 나한상을 모셔 놓은 굴법당이 있다. 이 굴법당은 지방문화재 제 57호로 석실면적이 320제곱미터, 높이는 8척이고, 내부에는 반월형 좌대를 마련하고 탱주를 설치하였으며 그 사이에는 23개 감실이 있다. 이 감실에 모셔진 나한님과 석불은 어부들이 바다에서 건져 올린 불상들이라고 전하여 온다.
　신라 진덕여왕 3년(649) 4월. 강화 보문사 아랫마을 매읍리 어부들은 겨울 어한기를 지내고 봄 성어기를 맞자 부지런히 어망과 어선들을 손질하여 부푼 마음으로 첫 줄어를 하였다.
　바다는 호수같이 잔잔하여 작업하기에 안성맞춤이었다. 틀림없이 많은 고기가 잡힐 것이란 기대를 하면서 그물질을 하였다. 과연 그물은 묵직하게 끌렸다. 어부들은 신명이 나서 그물을 끌어 올렸다. 그러나 그물에 걸려 올라온 것은 펄떡펄떡 뛰는 고기가 아니라 22개나 되는 인형같은 돌덩이였다. 어부들은 실망하여 이 돌덩이들을 바다 속에 쏟아 버리고는 다시 그물

보문사 굴법당 입구

질을 했다. 그러나 이 번에도 첫 번과 같이 인형같은 돌덩이 22개만 그물에 싸여 올라 왔다.

어부들이 이상한 생각이 들었다. 이는 필시 좋지 않은 징조라고 생각하고는 그물을 거두어 서둘러 집으로 돌아갔다.

집으로 돌아온 그 날 밤 고씨란 성을 가진 어부의 꿈에 하얀 수염의 노스님이 나타났다.

"그대는 어찌하여 귀중한 것을 두 번씩이나 바다에 던졌느냐"

노스님은 크게 책망을 하였다. 그리고는 엄숙하게 말을 이었다.

"내일 다시 그물을 치면 그 돌덩이들이 또 올라 올 것이니, 그것을 명산에 잘 보관하라. 그러면 반드시 길한 일이 거듭될 것이니라."

이렇게 말을 하고는 홀연히 사라졌다.

이튿날 고씨 어부는 꿈 이야기를 다른 어부들에게 하였다. 그런데 다른 어부들도 같은 꿈을 꾸었다는 것이다. 이들은 서로 예사롭지 않은 꿈이라고 판단하고 기대 반 우려 반으로 어제 그물 작업을 했던 장소로 가서 그물질을 했다.

예상 대로 그물에는 어제와 같이 22개의 인형같은 돌덩이가 올라왔다.

어부들은 노스님이 일러준 대로 그 돌들을 신령스런 산에 봉안하기 위해 정성껏 마을로 모셔 왔다.

이 곳 마을에서는 보문사가 있는 낙산사를 가장 명산으로 알고 있기에 어부들은 돌을 가지고 낙산사로 올라 갔다. 낙산사로 가는 도중 숨이 차 보문사 앞 석굴부근에서 잠시 쉬었다. 얼마간 쉬고는 다시 일어서려는데 갑자기 돌이 무거워진 듯 꼼짝을 하지 않았다. 그래서 어부들은 여기가 바로 명당이라고 생각하고는 바로 옆 석굴에 돌을 모시기로 하고 돌을 들자 그 때야 돌이 가뿐히 들렸다고 한다.

이렇게 해서 22개의 인형 돌덩이를 굴속에 봉안하니 이들이 바로 오늘까지 현존하는 보문사 굴법당 3존관 18나한, 그리고 나반존자이다. 그 후 이 돌덩이를 봉안한 어부들은 모두 부자가 되었다고 하며 또한 이 석굴법당은 많은 신통스런 영험이 있었다 하여 일명 신통굴이라고도 불린다.

이 불상을 건진 고씨 어부의 후손 중에 고재원이란 사람이 아랫마을에 살고 있었는데 어느 해 추운 동짓날 동자불상 하나가 도씨 댁에 찾아간 일이 있었다고 한다.

동짓날 보문사에서 팥죽을 쑤어 부처님께 공양을 드리려고 보니 아궁이에 불이 꺼져 있었다. 부싯돌을 찾을 수도 없고 눈이 하도 많이 와서 마을에 내려가 불씨를 가져올 수도 없는 딱한 처지에 놓여있었다. 이 때 보문사 아랫마을 고재원씨 댁에 어린 동자 하나가 맨발로 들어서더니 보문사에서 왔다면서 불씨를 얻으러 왔다고 하였다. 고씨는 이 추운 날 맨발로 불씨를 얻으려고 여기까지 온 동자승이 너무나 불쌍하여 따뜻한 팥죽 한 그릇을 먹인 후 불씨를 주어 보냈다. 그리고 이 추운 날 어린 동자승을 맨발로 보낸 것에 대해 다음에 주지를 만나면 한번 따끔하게 말을 해야 겠다고 생각을 했다.

고씨 댁에서 동자승이 불씨를 얻어 가지고 간 후 과연 아궁이에서는 장작불이 활활 타오르고 있었다. 영문을 모르는 스님들은 어리둥절했지만 그 까닭은 나중에 알아보기로 하고 우선 팥죽을 쑤어 부처님께 공양을 하고 자기들도 오랜만에 배불리 먹었다.

며칠 뒤 눈이 좀 녹아 마을로 출입이 될 때 주지스님이 마을에 볼일이 있어 내려 갔다가 고씨를 만나게 되었다. 고씨는 주지를 보자 동짓날 동자승 생각이 나서 어린 스님을 그렇게 할 수 있느냐고 꾸중을 하였다. 주지 스님은 보문사에는 동자승이 없기 때문에 그런 일이 없다고 해명을 하였지만 아무래도 이상했다. 그러다 절에 돌아와 동짓날 불씨가 없어 부처님께 공양을 못하다가 갑자기 아궁이에서 장작불이 타던 것을 생각하고는 나한전의 작은 불상들을 살펴 보았다. 그랬더니 제일 가장자리에 있던 동자불상 입에 팥죽이 묻어 있는 것을 발견하게 되었던 것이다.

그 후로 보문사 스님들은 나한이 영험하다는 사실을 알고 더욱 정성을 다해 불도를 닦았다고 한다.

경기

김포 손돌의 여울

　경기도 김포시 대곶면 신안리, 김포에서 강화도로 들어가는 강화초지대교를 500m 쯤 못 가서 오른편에 1.5km 쯤 들어가면 덕포진이 있다. 이 덕포진 주차장에 차를 두고 산등성이 길을 따라 오르면 덕포진 돈대터가 나오고 이어 파수청 터가 나오는데 이 파수청 터 위쪽, 강화 해협이 한 눈에 내려다 보이는 등성이에 주사 손돌공지묘舟師 孫乭公之墓란 비석이 서 있는 묘가 있다.
　이괄의 난으로 강화도로 피난길에 오른 인조仁祖1623 - 1649 손돌의 비문에는 고려조 23대 왕인 고종이 서기 1232년 몽고병의 침공을 받고 송경에서 강화도로 피난 할 때라고 함는 강화해협을 건너기 위하여 한강에서 가장 뛰어난 나룻배 사공인 손돌로 하여금 나루를 건너게 하였다. 그러나 나룻배가 강화해협의 가장 좁고 급류가 흐르는 곳에 이르자 인조는 불안하였다. 바로 앞에 바닷물이 용솟음치며 빙빙 돌고 있는데도 사공은 자꾸 그 쪽으로 가고 있었기 때문이다. 인조는 생각지도 않은 반란으로 배를 타고 피난길에 나선 그 자체가 마음에 평정을 잃고 있는 상태이고 보니 조그만 일에도 의심을 하게 되고 과격해 질 수 밖에 없었다. 더군다나 뱃길에 생명을 맡기고 있는 실정이니 사공의 행동 하나 하나에 더욱 예민 해 지게 마련이었다.
　'이 곳에서는 제일 가는 사공이라 했는데 왜 자꾸 위험한 곳으로 들어 가고 있는가! 아무래도 이상하지 않은가? 혹시 반란을 일으킨 이괄의 한패가 아닐까!'

주사 손돌공지묘(舟師 孫乭公志墓)

인조는 이렇게 생각을 하면서도 꾹 참고 가까이 있는 신하에게 물었다.
"저 물은 여울이 아닌가?"
"예, 그러하옵니다."
"그렇다면 위험하지 않는가?"
옆에 있던 신하는 사공에게 물었다.
"사공! 눈 앞의 물산은 위험한 물살이 아니냐? 이대로 가도 좋은가?"
"예, 저는 잘 알고 있습니다. 걱정 마십시오."
손돌 사공은 이렇게 말하며 태연하게 용솟음치는 물살을 향해 노를 저어 나갔다.
왕은 용솟음치는 물살을 보자 다시 마음이 불안하여 견딜 수가 없었다. 왕은 다시 한번 옆에 있는 신하에게 주의를 주도록 일렀다. 그러자 신하도 손돌에게 다시 주의를 주었다.
"임금님의 행차이시다. 물길을 잘 살펴 배를 젓도록 하라."
"주의하고 있습니다."
손돌은 이렇게 말을 하고는 급류를 따라 화살같이 내려갔다. 배가 급류를 타다 보니 한쪽으로 쏠리며 기우뚱 거렸다. 그러자 왕의 의심은 극에 달하였다. 이는 필시 사공이 이괄과 내통하여 나를 죽이려 한다고 판단하고는 옆의 신하에게 명령을 하였다.

"아무래도 저 사공이 수상하니 목을 쳐라."

명령을 받은 신하는 칼을 빼 들었다. 이에 손돌은 왕 앞에 공손히 무릎을 꿇고 앉았다.

"폐하 어찌 믿지 못하십니까. 아무쪼록 믿어주십시오. 저도 이 나라 백성인데 어찌 임금님의 은혜를 잊으리까. 이 여울목을 무사히 건너도록 하겠습니다. 그 후에 잘못이 있으면 어떠한 벌이라도 기꺼이 받겠습니다."

그러나 왕의 의심은 풀리지 않았다.

"이 여울목은 피할 수가 없다는 말인가?"

"예, 이 수로만이 있어 이 여울을 피할 길은 없습니다."

왕은 더 이상 의심의 여지가 없다고 판단하였다.

"그러면 빨리 사공의 목을 쳐라."

손돌은 임금의 마음을 돌리기가 어렵다고 판단하고는 단념하게 되었다.

"폐하, 이 사공을 끝내 믿지 못하시겠다면 목을 쳐 주십시오. 그러나 지금까지 모시고 왔으니 죽기 전에 한 말씀 드리고자합니다. 제가 죽고 나면 앞에 있는 뱃길을 제대로 볼 수 없게될 것입니다. 그때 이 바가지를 물에 띄워 주십시오. 바가지가 물에 흐르는 대로 배를 가게하면 반드시 무사하게 섬에 도착하게 될 것입니다."

손돌은 이렇게 말하며 배 밑에서 바가지 하나를 꺼내 놓고는 죽고 말았다. 손돌이 죽고 나자 같이 왔던 서툰 사공이 노를 잡았는데 여울을 피할 수 있는 뱃길을 알 수가 없어 배는 자꾸 기웃거리며 빙글빙글 제자리에서 돌기만 했다. 뿐만 아니라 지금껏 맑았던 하늘에 갑자기 먹구름이 몰려오더니 날씨가 추워지면서 세찬 바람이 불고 파도가 거칠어 졌다. 왕은 더욱 불안 해 했고 사공은 손에 익지 않은 물길이라 벌벌 떨기만 했다.

그제야 왕은 손돌이 죽으면서 한 말이 생각났다.

"빨리 저 바가지를 물에 띄워 안전한 물길을 찾도록 하라."

신하는 재빨리 바가지를 물에 띄웠고 사공은 이 바가지의 흐름을 쫓아 배를 저어 무사히 강화도에 도착했다.

왕은 이때에 비로소 손돌의 진실을 알게 되어 그 죽음을 불쌍히 여기게 되었다.

이괄의 난리가 평정되어 대궐로 돌아간 왕은 곧바로 대신들을 모아놓고 자기가 손돌을 죽이게 된 것을 탄식하게 되었다.

"짐은 강화도에 난리를 피해 내려 갔을 때 긴박하고 초조한 마음에 손돌이란 착한 사공을 죽게 했다. 정말 잊을 수가 없구나. 이제 살려 낼 수도 없으니 가슴이 아프기만 하다. 강화섬에 사당을 세워 매년 그 날을 지정하여 제사를 지내 손돌의 영혼을 위로토록 하라."

왕의 명령이 떨어졌다.

이렇게 하여 매년 손돌이 죽은 음력 10월 20일에 손돌의 제사를 지내 원혼을 위로하였는데 이상하게 이때만 되면 거센 바람이 불어 추워졌고, 바다에는 파도가 높아 배를 타려는 나그네들은 배질하기 전에 사당에 가서 손돌의 영혼을 달래야 했다고 한다. 뒤에 사람들은 이 때 부는 세찬 바람은 손돌이 탄식하는 숨소리라 하여 이를 손돌바람이라고 하고 손돌이가 죽은 여울을 손돌목이라 부르게 되었다.

세월이 지나 당시 세웠던 사당이나 비석은 자취를 감추었으나 해방 후 복원하여 유서를 남기고 있다.

손돌의 기념은 김포에서 성대히 치르는데 현재의 비와 봉분은 손돌의 추모 제744주기1977를 맞아 김포군에서 세우고 중수하였다.

경기

안산 잿머리 성황당

경기도 안산시 성곡동 산의 77번지, 반월공단과 시화공단 사이에 큰 왕릉같은 야산의 정상에 시화호를 내려다 보며 서 있는 성황당이 있다. 이 성황당이 안산향토유적 제1호로 지정되어 있는 잿머리 성황당이다. 옛날에는 주위가 전부 바다로, 중국으로 오고 가는 배들이 지금 성황당이 있는 바로 밑 성두해안을 이용했다고 한다.

고려 성종2년982, 내의성 시랑인 서희徐熙가 10년 간이나 두절되었던 송나라와의 국교를 회복하기 위하여 사신으로 가게 되었다.
송나라로 가기 위해서는 지금의 안산 성두해안에서 배를 타고 가는 것이 가장 빠른 길이라 일행을 이끌고 성두해안으로 내려갔다.
성두해안에 도착했을 때는 날씨가 쾌청하였다. 그래서 뒷날 배가 떠나기에는 아무런 지장이 없겠다고 생각한 서희 일행은 마음을 놓고 숙소에 들었다. 그러나 뒷날 배를 타기 위해 바닷가로 나갔을 때는 갑자기 폭풍우가 휘몰아 치기 시작했다. 이런 상태로서는 도저히 배가 출항할 수 없었다. 어쩔 수 없이 서희 일행은 뱃길의 장도를 비는 제를 지내고 숙소로 돌아와 폭풍우가 잘 때까지 기다리기로 하였다.
숙소로 돌아온 그 날 저녁 서희의 꿈에 소복단장을 한 두 여인이 슬픈 얼굴을 하고 나타났다.
"저희들은 다른 신라의 마지막 임금인 경순왕의 비왕비가 되지 못했기

안산 잿머리 성황당

때문에 비라했다 함. 홍씨와 어머니 안씨입니다."

여인들은 이렇게 자기네들을 소개하고는 다소곳이 고개를 숙이고 한발씩 뒤로 물러섰다.

"그래. 무슨 일로 먼 길을 떠나는 대장부 앞에 여인네가 나서는 것이오."

"저는 김부金溥대왕과 결혼한 첫날 밤에 소박을 맞았답니다. 친정에 돌아와 눈물로 세월을 보내다 중병을 얻어 회생치 못하고 그만 청상으로 죽게 되었습니다. 저희 어머님은 딸의 죽음을 애통해 하다 역시 화병으로 돌아가시니 이 얼마나 원통하게 죽은 것입니까. 우리 모녀가 이렇게 원통하게 죽은 것이 한이 되어 모녀 혼령으로 지금까지 떠돌아 다니게 되었답니다."

이들은 이렇게 말을 하고는 북받치는 설움을 참지 못하는지 한참을 울먹이다가 다시 말을 이었다.

"자손을 두지 못했으니 누가 이 혼령의 지노귀를 하여 주며 잿날인들 제상을 마련하겠습니까. 의지할 마땅한 곳을 찾아 헤매던 중 담략가이신 내의성 시랑께서 중국 송나라의 사신으로 건너간다는 것을 알고 거처할 곳이라도 얻을까 하여 이렇게 바다에 풍파를 일으켰으니 용서하십시오."

모녀 혼령의 한 서린 사연을 들은 서희는 옷깃을 여미고 꿇어앉아 공손히 머리를 숙였다. 그리고는 그들의 부탁을 들어 줄 것을 약속하였다.
 모녀 혼령은 이에 고맙다는 말을 하고는 자욱한 운기 속으로 사라졌다.
 서희는 뒷날 날이 밝기가 바쁘게 수행원에 지시하여 풍광이 좋은 뒷산에 성을 쌓고 아담한 사당을 짓도록 했다. 그리고는 화공을 시켜 꿈에 본 두 여인의 모습을 일러주며 그리게 한 다음, 그린 영정을 사당에 모시고 성대하게 위령제를 지내 주었다.
 그 후 무섭게 몰아치던 폭풍우는 씻은 듯이 사라지고 잔잔한 바다에서는 물새 소리만이 한가롭게 들려 왔다. 그리하여 서희 일행은 아무 탈없이 송나라를 다녀올 수 있었다.
 그러부터 중국을 드나드는 사신이나 배를 가지고 어업을 하는 어부들은 바다에 나갈 때는 반드시 이 사당에 제물을 차려 놓고 극진히 정성을 드렸다고 한다. 그래서 이 사당에는 정성을 드리는 징소리와 장고소리가 끊이지 않았으며, 이것이 수백 년 흘러 내려와 지금은 안성의 향토 문화제로 발전하게 되었다.

충남

당진 용바위
서천 곡성哭聲바위
태안군 떡바위
태안 삼형제 바위
태안 안면도 뱀사당
태안 안면도 선바위
태안 안면도 할미바위

당진 용바위

충남 당진군 松嶽 內道리 안섬. 당진에서 차를 타고 30여 분 달려 내도리를 들어가면 바다를 매립하여 세운 동부제강의 커다란 공장이 있다. 이 공장을 왼쪽으로 돌아서 나지막한 등성이를 넘어가면 숲이 우거진 작은 포구가 나타난다. 이 곳이 안섬으로 얼마 전까지 섬이었던 곳이나. 이 포구의 오른쪽 돌기부분의 끝을 보면 잡목 속에 바다를 바라보고 있는 큰 바위가 있다. 이 바위가 용바위 또는 하늘바위, 농바위, 거북바위라고도 불리는 바위이다.

옛날 이 곳 바닷가에 비록 넉넉하지는 못했지만 단란하게 살아가는 어부 내외가 있었다. 그러나 불행하게도 이들에게는 자식이 없었기에 웃음 속에서도 항상 쓸쓸함이 배어 있었다.
"여보, 아무래도 뒷산에 올라가 자식 하나만 점지해 달라고 치성을 들여봐야 할 것 같아요."
"당신 알아서 해요."
이렇게 해서 부인은 뒷산 바위에 올라가 자식 하나만 얻게 해 달라고 치성을 드렸다. 정성을 다해 기도를 드린지 백일이 되는 날이었다. 꿈속에 선녀가 나타나더니 꽃 한 송이를 쥐어 주었다.
"정성이 지극하니 곧 소원이 이루어질 것입니다."
이렇게 말을 남기고 사라졌다 이상한 꿈이라 생각하며 남편에게 꿈 이야기를 했더니 남편도 같은 꿈을 꾸었다는 것이다.

얼마후 부인은 임신을 했고 열 달이 지나 옥동자를 출산했다.

쓸쓸하던 집안에 생기가 돌고 웃음이 떠나지 않았다.

아이가 밥을 먹기 시작하면서 부부는 매일 삼치를 구워 앞다퉈 입에 넣어 주곤 했다. 이것이 버릇이 되자 아이는 삼치가 없으면 밥을 먹지 않게 되었다. 그래서 이들 내외는 삼치가 많이 잡힐 때 미리 소금에 절여 독에 보관을 했다가 일 년 동안 아들의 반찬을 삼았다.

그러던 어느 해 삼치가 전혀 잡히지 않았다 할 수 없이 아들에게, 많이 잡히는 농어를 대신 구어 줘 보았지만 거들떠 보지도 않았다. 다른 고기도 마찬가지였다. 자연 아이는 밥을 먹지 않아 쇠약해져 갔다. 이런 아들을 보며 부부는 애를 태웠다. 어느 날 구름이 덮이고 바람이 살랑거리는 것이 삼치가 많이 잡힐 듯한 날씨였다.

충남 당진군 송악면 고대리 (안섬) "용바위"

"여보, 오늘 같은 날씨는 어쩜 삼치가 날 것 같아요. 바다에 한 번 나가봐요. 저러다 애 죽이겠어요."
"나도 그런 생각이 드는구려."
어부는 그물을 챙겨 바다로 나갔다. 파도가 좀 거칠긴 했지만 오직 자식에게 삼치구이를 먹이고 싶은 마음에서 파도쯤은 아랑곳 하지 않았다. 예상했던 대로 삼치가 줄줄이 그물에 걸려 올라왔다. 어부는 오랜만에 만선의 기쁨을 맛보았지만 그 동안 바다는 더욱 거칠어져 어부의 배는 풍전등화의 신세였다. 그러나 어부는 자신의 위험보다도 아들의 밥그릇에 얹어 줄 삼치구이를 생각하며 열심히 노를 저었다. 간신히 배가 포구에 다 들어왔다 싶을 때였다. 산더미 같은 파도가 밀려와 배를 바위에 내동댕이 치는 것이었다. 배는 산산조각이 나고 어부는 파도에 휩싸였지만 자식을 위하여 삼치 한 마리를 움켜쥐고 육지를 향하여 사력을 다해 헤엄을 쳤다. 육지에선 아내와 아들이 그를 부르며 발만 동동 구르고 있었다. 그 때 또다시 큰 파도가 밀려오더니 그만 어부를 사정없이 쓸어 가 버렸다. 이를 본 아내는 아이를 업은 채 남편을 부르며 바다로 뛰어들었다. 그 때 남편이 사라진 곳에서 누런 바위가 떠오르며 천둥이 치더니 하늘에서 세 줄기의 하얀 구름이 내려 꽂히고 무엇인가가 하늘로 올라가는 것이 보였다. 이후 마을 사람들은 그들이 용이 되어 하늘로 올라 갔다고 생각하여 이 바위를 용바위라 부른다고 전한다.

서천 곡성 哭聲 바위

忠南 舒川군 馬西면 漢城리. 장항선 서천역에서 서쪽으로 4km쯤 가면 마서면 한성리가 나온다. 여기서 다시 서쪽으로 1.5km정도를 더 들어가면 갈목이라는 한적한 어촌이 있는데 이 어촌의 앞바다 1km의 거리에는 형제바위라는 큰 바위가 솟아 있고 그 뒷 쪽에 해마다 음력 팔월 보름날 밤에만 나타난다는 바위가 있다. 이 바위를 곡성바위 또는 적바위라 부르고 있다.

옛날 갈목마을에 유달리 금슬이 좋은 박씨 부부가 고기잡이를 하며 단란하게 살았다. 그러나 그들에게는 불행하게도 자식이 없었다. 딱하게 생각한 이웃사람들이 백일 기도를 한번 드려 보라고 권유를 했다. 박씨 부부는 설마 하면서도 따로 별다른 방법이 없는지라 이웃이 권하는 대로 백일 기도를 드리게 되었다.

백일기도를 드린 마지막 날 밤이었다. 부인은 용마가 자신을 납치하여 하늘로 올라가는 꿈을 꾸었다. 너무 흉측하고 이상한 꿈이라 남편에게 이야기를 했더니 남편은 그 꿈은 비범한 자식을 가질 태몽이라고 기뻐하였다. 과연 그 뒤에 태기가 있어 열달만에 부인은 딸아이를 낳았는데 달덩이처럼 환하고 꽃처럼 아름다웠다. 그러나 이런 딸아이를 가진 기쁨도 잠시였다. 부인은 딸아이를 출산한지 스무 날 만에 그만 병으로 죽고 말았다. 부인을 잃은 슬픔은 하늘이 무너지는 것 같았지만 어린 딸의 귀여움으로 슬픔을 달래며 그 날 그 날을 살아갔다.

딸은 어느덧 16살이 되었다. 이제 옛날 아내가 하던 집안 일들을 맡아 하기도 하고 아버지가 배를 탈 때나 내릴 때는 뱃머리에 나와서 배웅도 하고 잡아 온 고기를 받아 내리기도 했다.

 어느 날이었다. 아버지가 바다에 나가기 위해 어구를 챙기고 있는데 딸아이가 다가왔다.

 "아버지, 오늘은 바다에 나가지 마십시오."

 "왜 그러냐? 무슨 일이라도 있느냐?"

 "어쩐지 오늘은 날씨가 좋지 않을 것 같습니다."

 아버지는 하늘을 한번 쳐다 봤다.

 "아무렇지도 않은데 왜 그러냐?"

 "어제 저녁 달무리도 지고 어쩐지 마음이 불안해요."

 "염려 말아라. 내가 바다생활을 한 해 두 해 했느냐?"

 딸아이의 전에 없는 만류에도 아버지는 껄껄 웃으며 귀여움으로 받아들일 뿐 개의치 않고 바다로 나갔다. 그러나 오후가 되면서 딸아이가 염려 했던 대로 바람과 파도가 일더니 점점 심해져갔다. 딸아이는 마음이 불안하고 초조하여 가만 있지를 못했다. 바닷가와 집을 수 없이 들락거리면서 아버지가 무사히 돌아오기만을 기다렸다. 그러나 아버지는 배가 파선되어 간신히 널빤지에 몸을 의지하여 표류하다 만신창이가 된 채 해안에 밀려왔다. 딸아이는 이런 아버지를 집으로 업고 가 정성을 다했지만 너무 큰 상처였기에 치료가 오래 걸렸다. 자연 식량도 떨어지고 약값도 문제였다. 뿐만 아니라 추석이 다가왔는데 어머니 제사상에 떡도 한 그릇 올리지 못할 형편이었다. 아버지는 이를 눈치채고 아직 성하지도 않은 몸으로 바다에 나가겠다고 자리에서 일어나려고 했다.

 "애야, 이제 움직일만 하다. 내일 모래가 추석인데 바다에 나가봐야 되겠다."

 "아버지, 무슨 말씀을 하십니까? 아직 아니 되십니다."

 "움직일 만 하다니까 그러는 구나."

 딸아이는 이런 아버지를 만류하고 자기가 배를 타야겠다는 생각으로 아버지에게 거짓말을 하였다.

"아버지! 지난번에 앞 섬에 돈을 좀 빌려 줬는데 내일은 그 돈 받으러 다녀와야겠습니다."

딸은 이렇게 거짓말을 하고 남장을 한 모습으로 집을 나서 이웃마을의 외지 배를 탔다. 그런데 그 날 따라 딸아이가 탄 배는 많은 고기를 잡았다. 어부 모두가 힘이 나서 선황기를 달고 노래를 부르며 힘차게 노를 저어 형제바위 가까이 까지 들어왔다. 그러나 그 곳에서 생각지도 못한 암초에 받쳐 배는 침몰되고 말았다.

딸은 아버지를 애타게 부르며 있는 힘을 다해 허우적거렸지만 끝내 바다 속으로 잠겨 버리고 말았다.

이 날이 팔월 보름날이었다. 이때부터 이 암초는 일 년 내내 바다 속에 잠겨 있다가 팔월 보름만 되면 벌건 해초를 덮고 물위로 나타나 슬픈 소리를 내며 운다고 한다. 그래서 이 곳 사람들은 이 암초를 곡성바위라 부르고 있다.

태안 떡바위

충남 태안군 남면 몽산리, 몽산리 앞바다 2km 정도 되는 거리에 밀물 때는 물에 잠겼다 썰물 때는 드러나는 펑퍼짐한 바위가 있다. 이 바위를 떡바위라 하는데 굴과 고동이 많아서 몽산리 아낙네들은 썰물 때만 되면 여럿이 어울려 배를 타고 이 곳에 가서 굴을 따고 고동을 잡다가 밀물 때가 되면 돌아오곤 한다.

어느 봄날 이 날도 물때가 좋아 몽산리 아낙네들은 어선 한 척을 빌려 굴을 따고 고동을 잡으러 떡바위로 갔다. 떡바위에 도착한 사공은 다른 날 같으면 아낙네들을 내려 놓고 배에서 낮잠을 자거나 낚시질을 하며 아낙네들이 갯일을 마칠 때까지 기다릴텐데 이 날은 건너편에 있는 거아도 쪽으로 노를 저어 갔다.
"거아도에 좀 갔다 올 테니 아점씨들 굴 많이 따고 있으시오."
"거아도는 왜요?"
"친척집에 혼사가 있어서 잠시 다녀오려고요."
"그럼 들물이 나기 전에 와야 해요. 괜히 늦어서 애타게 하지 말구요."
"염려 마세요. 내 올 때 떡이나 한 보따리 싸가지고 오겠소."
"참말이지요? 그때 쯤 배도 고플 텐데 정말 잘됐네."
아낙네들은 불안했지만 밀물이 되기 전에 돌아 오겠다고 찰떡같이 약속을 할뿐 아니라 돌아 올 때는 떡까지 얻어 오겠다는 말에 혹해지고 말

태안 떡바위

았다. 사공이 떠난 후 아낙네들은 정신 없이 굴을 따고 고동을 잡았다. 밀물이 오기 전 짧은 시간 내에 작업을 해야 하기 때문이기도 했지만 고동이나 굴을 딴 양을 대비하여 그 집의 며느리와 딸의 능력을 평가하기 때문이기도 했다.

아낙네들의 부지런한 손놀림으로 바구니에 굴과 고동이 거의 가득 찰 무렵 밀물이 오기 시작했다 모두들 바구니와 굴 따는 도구를 챙기며 돌아갈 차비를 차렸다. 그런데 어찌 된 일인지 배가 오지 않았다. 밀물은 자꾸만 바위를 야금야금 덮쳐 오고 파도는 그녀들의 발목을 때렸다. 모두들 바위 윗 쪽으로 몰려 서서 거아도 쪽으로 목을 빼고 배를 기다리고 있었다.

한편 친척 잔치집에 간 사공은 오랜만에 만난 친척들과 그 동안의 이야기와 서로 권하는 술 때문에 시간 가는 줄을 모르고 있다가 뒤늦게 떡바위 아낙네 생각이 났던 것이다.

부랴부랴 있는 힘을 다하여 노를 저어 갔지만 때마침 불어오는 앞바람과 밀물에 받친 배는 더디기만 하였다. 더군다나 친척들이 권하는 술을 생각 없이 많이 받아 마신 것이 화근이 되어 정신이 몽롱하고 팔 다리에 힘이 빠져 나갔다. 이러다간 큰일인데 큰일인데 하면서도 어쩔 수가 없었다.

떡바위에 있던 아낙네들은 물이 차오자 죽음을 각오하고 치마폭을 뜯어 서로를 묶었다. 시체가 되어라도 떨어지지 말고 같이 다니자는 뜻이었다.

이렇게 묶은 아낙네들은 물이 목에까지 차 오르자 서로 부둥켜 안고 몸부림을 쳤지만 무심한 파도는 이들을 사정 없이 삼켜버리고 말았다.

뱃사공이 사력을 다해 떡바위에 도착 했을 때 이미 아낙네들은 간 곳이 없고 갈매기들만 물 속에 잠겨 버린 떡바위 위를 빙빙 돌고 있었다. 뱃사공은 정신을 잃고 뱃바닥에 앉아 장탄식을 했지만 죽은 아낙네들이 돌아올 리 없었다.

뱃사공은 내가 이렇게 많은 사람을 죽이고 어찌 살아 남을 수 있는가 하며 실성한 사람처럼 허적 허적 노를 저어 가다 바다에 뛰어들어 죽고 말았다.

이후 사람들은 이 바위를 떡바위 라고 불렀다. 떡을 받으러 갔다가 사람을 죽게 했다고 해서 붙여진 이름이다.

그러나 지금도 썰물 때는 이 바위에 굴을따고 고동을 잡기 위하여 동네 아낙네들이 찾아 가고 있다.

태안 삼형제 바위

충남 태안군 근흥면 용신리 2구. 근흥면 면 사무소에서 채석포 쪽으로 10여 분간 차를 타고 들어 가다 보면 왼편으로 유난히 흰 백사장이 나타난다. 이 백사장이 옛날 원안해수욕장이다. 이 백사장의 오른쪽 바다에 숲이 우거진, 길이 약 20여 미터에 높이 약 8미터에 달하는 세 개의 바위 봉우리를 가진 조그만 섬이 있다. 이 섬을 삼형제 바위 또는 삼형제 섬이라 부르고 있다.

옛날 이 곳 용신리에 아들 삼형제를 가진 어부 내외가 비록 가난하고 고달픈 어부생활이기는 하지만 단란하게 살고 있었다.
설이 가까워 오는 어느 겨울날, 계속되는 계절풍으로 인하여 며칠째 날씨가 좋지 않았다.
"큰일이네. 날씨가 이래가지고는 설을 거꾸로 세우겠군."
"글쎄, 말입니다. 설에 애들 양말이라도 한 켤레씩 사 신겨야 할 텐데."
"어지간하면 내일은 나가 봐야겠어. 더 이상 날짜가 없으니까."
뒷날 남편은 무리하게 먼 바다로 고기잡이를 나갔다.
아내는 날씨가 아무래도 마음에 걸려 다른 때 같으면 말렸을 것이나 설 대목이라 말리지 못한 것이 마음에 걸려 바닷가에 나가 초조하게 남편을 기다렸다.
여느 때 같으면 돌아 올 시간이 되었지만 남편은 돌아오지 않았다. 아내

태안 근흥면 삼형제 바위

는 불안한 마음에 뜬눈으로 밤을 지샌 후 날이 밝기가 바쁘게 남편을 찾아 배를 타고 바다로 나섰다. 그러나 망망대해 어디서 남편을 찾을 것인가. 설상가상으로 날씨마저 더욱 험악해지기 시작했다. 검은 구름이 일고 바람이 세차게 불면서 파도가 높아 갔다. 겨울 바다라 걷잡을 수 없었다. 아내는 부득이 눈물을 머금고 돌아오지 않을 수 없었다. 그러나 남편을 찾겠다는 일념에서 앞뒤 가리지 않고 너무나 멀리 나갔기에 돌아오는 길이 쉽지가 않았다. 안간힘을 쓰면서 노를 저었지만 파도는 더욱 높아 결국 배는 전복되고 아내마저 바다에 빠져 죽고 말았다.

한편 집에서 부모를 기다리던 세 아들은 해가 저물고 날씨마저 나빠 오자 가만히 앉아만 있을 수가 없어 바닷가로 나갔다. 그러나 날이 어두워도 부모님의 모습은 보이지 않았다. 삼 형제는 나란히 서서 멀리 수평선을 바라보며 큰 소리로 부모님을 불러 보았다. 그러나 대답이 없었다. 목청이 터져라 수십 번 불렀지만 메아리도 돌아오지 않았다. 밤이 되면서 날씨는 더욱 춥고 바람은 한층 거칠어져 갔다. 하지만 삼 형제는 부모 걱정에 돌아갈 생각을 잊고 그 자리에서 서로 부둥켜 안은 채 부동자세로 서서 저 멀리 사나운 바다만 바라보고 또 바라보다가 그대로 얼어 죽고 말았다. 이렇게 죽은 삼형제의 시체는 그 자리에 세 개의 돌로 변하였다. 그 후 이 곳 마을 사람들이 이 바위를 삼형제 바위라 불렀던 것이 오늘날까지 전해 오고 있다고 한다. 이 삼형제 바위는 만조 시에는 섬이지만 간조 시에는 걸어 들어

갈 수 있는 육지가 된다. 이 섬의 바로 앞에는 반달 모양의 백사장이 500여 미터나 아늑하게 뻗어 있고 그 뒷면으론 소나무 숲이 울창하여 그 풍광이 빼어나다. 얼마 전까지만 하더라도 이 곳은 수심이 낮고 파도에 밀려온 하얀 조개 껍질로 인하여 해변이 아름다워 여름철이면 해수욕객들이 붐볐던 원안 해수욕장이었다. 그러나 지금은 바로 앞 바다의 바지락과 굴양식장을 보호하기 위하여 해수욕장을 폐쇄하였다고 한다.

충남

태안 안면도 뱀사당

충남 태안군 안면읍 황도리. 태안군에서 태안반도인 안면읍으로 들어가는 길의 십여 리 전에 왼손 편으로 들어가다 보면 다리가 나타난다. 이 다리를 건너면 바로 황도리라는 섬마을이다. 이 섬마을의 뒷동산 등성이에는 몇 그루의 고목이 서있고 그 사이 백여 평의 대지에 세 채의 맞배지붕의 사당이 있다. 이 사당이 지금은 유명한 당제인 '황도붕기 풍어제'를 올리는 곳이지만 옛날에는 뱀 신을 모시고 제사를 지냈던 뱀사당이다.

옛날 무인도였던 이 황도리 섬에 나주 정씨와 해주 오씨가 처음 이주해 왔다. 이 두 씨족이 정착은 하였지만 이 곳이 섬이었기에 농토로 넉넉하지 못했고 그렇다고 어선이 있어 고기잡이를 할 수 있었던 것도 아니었다. 다만 바닷가에 나가 조개를 잡거나 해조류를 뜯어 근근이 생계를 이어 갈 수밖에 없었던 것이다.

정씨와 오씨는 어떻게 하든 배를 만들어 고기를 잡아 육지에 가 팔아야 생활이 될 것 같았다. 그래서 그들은 산에 가서 나무를 베고 육지에 나가 연장을 빌려 와 어렵게 어렵게 작은 배 한척을 만들고 낚시를 장만하여 바다로 나갔다.

첫 출어의 설레는 마음으로 바다에 낚시를 던지자 그 때까지도 잠잠하던 바다가 갑자기 큰 파도가 일어나더니 배를 덮쳐 버렸다. 배는 파도 속에 잠겨 버리고 사람들만 간신히 살아 돌아왔다.

"왜 갑작스럽게 파도가 일었을까?"

안면도 당산 (뱀사당)

"글쎄, 그러나 배가 좀 더 컸더라면 괜찮았을 거야."
그들은 다시 합심하여 보다 더 큰 배를 만들어 바다로 나갔다. 그러나 역시 처음과 같이 어장을 시작 하려 할 때 또다시 파도가 일어 배를 잃고 말았다.
두 씨족들은 낙심하여 드러눕게 되었고 생계마저 이어 가기가 힘들게 되었다.
"이 곳을 떠나도록 합시다."
"그럼 어디 가서 어떻게 산단 말입니까."
이렇게 서로 이 섬을 떠날 생각을 하다가 어느 날 마지막 한번만 더 시도해 보기로 합심하고 지난번 배보다 더 크고 견고한 배를 만들어 좋은 날을 가려 바다로 나갔다. 그런데 그 날도 막 낚시를 바다로 던지는 순간, 갑자기 배 앞으로 커다란 이무기 한 마리가 지나가면서 꼬리를 치는 것이 눈에 보였다. 그와 동시에 큰 파도가 일면서 배를 덮쳐 왔다. 어부들은 일제히 비명을 질렀다.

"뱀의 농간이다!"

어부들은 그래도 배가 크고 견고한 탓으로 간신히 파도를 피해 빈 배만 몰고 돌아왔다.

그런데 그 날 밤이었다. 이 마을에서 가장 나이가 많은 노인의 꿈에 백발 노인이 나타났다.

"나는 바다에 사는 뱀들의 왕이요. 당신네들한테 할말이 있어 왔소."

노인은 용왕이라는 말은 들어봐도 뱀왕이란 말은 처음 들어보는 말이라 의아해 하며 다시 물었다.

"뱀왕이라 그랬습니까?"

"그렇소."

노인은 이상한 왕도 다 있다고 생각했다.

"그래, 할말이 무엇입니까?"

"당신네들이 아무리 고기를 잡으려 해도 우리의 도움이 없으면 헛수고가 되고 말 것이오. 내 그것을 알리려 왔소."

"그렇다면 지금까지 세 번이나 바다에 나가 풍랑을 만났는데 그것이 전부 당신들의 장난이었단 말이요."

"그렇소."

"그럼 당신들의 도움을 받으려면 어떻게 하면 되오."

"그것은 간단하오. 뒷산 꼭대기에 당을 짓고 제사를 지내시오. 그러면 우리가 가만히 있겠소."

"당제를 지내란 말이군요."

"그렇소 당을 짓고 이것을 걸어 놓고 그 앞에서 제를 올리시오."

자칭 뱀의 왕이라는 노인은 소매 주머니에서 두루마리를 하나꺼내 주고는 홀연히 사라졌다.

마을 조인은 두루마리를 펼쳐 보았다. 거기에는 큰 뱀의 그림이 그려져 있었다. 노인은 징그럽다고 생각을 하면서도 그림을 말아서 품속에 간직했다.

잠에서 깨어난 노인은 이상한 꿈이라고 생각하고는 혹시나 하고 품속을 더듬어 보았다. 그랬더니 꿈에 백발노인이 준 뱀의 그림이 품속에서 그대로 나왔다. 노인은 신기하고 괴이한 일이라 즉시 동네사람들을 불러 모아 꿈이야기를 하고 뱀 그림을 내보였다. 모두들 세 번이나 당했던 일이라 이는 예사롭지 않은 일이라고 생각을 하게 되었다.

동네 사람들은 다른 일은 제껴 두고 모두 사당을 짓는데 적극 동참하여 빠른 시일에 당을 짓게 되었다. 그리고는 안에 뱀의 그림을 걸어 놓고 제사를 지냈다.

그 후로 바다는 조용하게 되었다. 고기잡이 또한 순조로워 동네는 한층 번창하여갔다. 동네 사람들은 이 모든 것이 뱀 왕이 보살펴 준 덕이라고 생각하였다.

그러나 세월이 흐르고 젊은 세대들이 차츰 늘어나면서 이 사당에 대한 부정적인 시각이 커져 갔다. 어느 날 젊은이 몇 명이 미신타파를 외치며 사당의 뱀 그림을 떼어 내 불을 질렀다. 그러나 이상하게도 뱀이 그려진 부분에는 불이 붙지 않았다. 다시 불을 붙여도 역시 마찬가지였다. 그래서 마을 사람들은 이 그림이 영험이 있어 타지 않는다고 믿고 있다.

얼마 전까지 음력 12월 15일부터 당주를 정하여 정월 초이튿날 당제를 지내 왔는데 지금은 이것이 발전하여 전국에서도 유명한 [황도붕기 풍어제]가 되고 있다.

충남

태안 안면도 선바위

충남 태안군 안면읍 창기리, 태안읍에서 남면을 거쳐 안면도로 들어가는 연륙교를 500여 미터쯤 지나면 도로 아래 쪽으로 숲이 우거진 아름다운 서쪽 바닷가에 외롭게 우뚝 솟아 있는 바위를 볼 수 있다. 이 바위가 선마위이다. 이 바위는 어촌 아낙네의 슬픈 운명적 전설을 가지고 있는 바위이다.

옛날 안면도 북쪽 산기슭 바닷가에 한 어부 내외가 다정하게 살고 있었다. 그들은 비록 그날그날 바다에서 고기나 조개를 잡아 살아가는 가난한 어부 부부였지만 남달리 부부간의 정이 좋아 섬 안에서는 부러워하지 않는 사람이 없었다.

제법 쌀쌀한 바람이 불어오는 어느 늦가을 날이었다. 이때가 되면 이 곳 사람들은 모두 홍어잡이 준비에 바빴다. 이 홍어잡이가 이 곳 사람들에게는 일 년 중 가장 큰 어업이기 때문이다.

남편도 홍어잡이를 위하여 어구를 부지런히 정리하였다. 그러나 힘이 부치고 일손이 느려 생각 외로 시간이 많이 걸렸다. 옛날 같지가 않아 자기가 늙었다는 것을 느꼈다.

그래선지 바다에서 잔뼈가 굵어 온 그로서도 어쩐지 먼 바다로 나가는 이번의 홍어잡이는 자신이 없었다. 그러나 아내에게 실망을 줄까 봐 차마 말을 못하고 아내가 중참으로 들고 온 막걸리를 받아 마시며 혼자 소리 같이 한마디 하였다.
 "이제 나도 힘이 딸리는 가 봐, 아직도 이러고 있으니. 이 번 홍어잡이를 끝으로 이제 홍어잡이는 그만 두어야 겠어."
 아내는 당장 생계가 걱정이었지만 남편의 피곤한 모습을 보고는 그냥 있을 수가 없었다.
 "그래요. 산 입에 거미줄 치겠습니까."
 이렇게 말을 하며 측은한 표정으로 남편을 위로 하였다.
 곧 이어 남편은 스스로를 추스르며 마지막 홍어를 잡으러 먼 바다로 떠나 갔다.
 남편을 바다로 내 보낸 아내는 다른 날의 출어 때 보다 어째 이상한 예감이 들었지만 별일이야 없겠지 하는 생각으로 집안일을 하면서 남편을 기다렸다. 그러나 해가 지고 남편이 돌아올 시간이 지났는데도 남편은 돌아오지 않았다. 불안해진 아내는 호롱불을 밝혀 들고 바닷가에서 밤을 꼬박 지새웠지만 남편의 배는 돌아오지 않았다. 이틀 사흘이 지나고 한 달, 두 달 석 달이 지나도 남편은 돌아오지 않았다. 동네 사람들은 모두 남편은 이미 죽었으니 마음을 강하게 먹고 제사라도 지내 주라고 권했지만 아내는 끝내 포기하지 않았다. 점쟁이를 찾아가 묻기도 하고 시체나 파선한 배의 널 조각이 이웃 섬이나 동네에 떠밀려 오지나 않았나 수소문은 하기도 하며 매일 바닷가나 먼 바다가 보이는 높은 산 위에 올라가 남편을 기다렸다. 그런지 3년이 되는 해의 어느 날이었다.
 그 날도 아내는 남편 생각에 제대로 먹지도 못하여 기력이 없는 쇠약한 몸으로 바닷가에 나가 남편을 기다렸다. 그러나 더 이상 버틸 기력이 없던 그녀는 그만 그 자리에서 쓰러져 죽고 말았다. 그러자 갑자기 하늘이 어두워지고 뇌성벽력이 치면서 쓰러진 아내를 향해 번개가 번뜩 일더니 죽은 아내가 그대로 바위로 변하는 것이었다.
 부부의 정이 남달리 두터웠기에 끝내 죽고 나서도 망부석이 된 이 바위를 옛날 사람들은 선바위라 불렀다고 한다.

옛날에는 이 바위가 산언덕에 바로 붙어 있었으나 세월이 지나며 파도가 산언덕을 깎아 지금은 바다 쪽으로 제법 나와 있어 썰물때는 바위 밑 부분이 물에 잠긴다. 이 곳 사람들은 이런 현상을 아내가 지금도 남편을 찾아 자꾸만 바다 쪽으로 가고 있다고 말하고 있다.

태안 안면도 할미바위

충남 태안군 안면읍 승언리. 태안에서 안면읍으로 가다가 방포해수욕장 쪽으로 들어가면 풍광이 아름답기로 유명한 젖개해변이 나온다. 이 해변에 접해 있는 포구가 방포포구인데 이 곳의 남쪽 바다 500미터 지점에 할머니 모양의 꾸부정한 바위가 그림처럼 솟아 있다. 이 바위가 전설을 간직한 할미바위라 하고 그 맞은편에 그보다 크고 둥글게 솟아오른 바위를 할아비바위라 한다.

지금으로부터 약 1150년 전 신라의 제42대 흥덕왕興德王 826-836때였다.
당시 바다를 주름잡고 있던 장보고는 청해진지금의 완도에 거점을 정하고 해상활동을 펴 나가는 동시에 서해안의 견승포안면도에도 해상 전진기지를 두었다. 이 전진기지에 이를 관장하는 책임자로 승언이라는 장수가 있었다. 이 승언은 이 곳의 울창한 숲과 은빛 모래 그리고 푸른 바다가 너무 좋아 시간만 있으면 부인과 함께 숲과 바닷가와 백사장을 거닐었다. 전쟁터에만 돌아다녔던 그로서는 오랜만에 가정의 포근한 행복을 느꼈다. 가정이 안정되니 자연 자기 일에도 충실하게 되어 그가 관할하는 견승포의 기지에는 아무런 사고도 없어 평화롭고 행복한 나날이 계속 되었다.
"여보, 우리 이 곳에서 이렇게 죽을 때까지 살아요."
"나는 군인인데 그렇게 될 수 있겠소."
이렇게 행복한 세월을 보내고 있던 어느 날 드디어 멀리 청해진의 본진

할미바위와 할아비바위

○로부터 전령이 왔다. 군사들을 이끌고 북진하라는 명령이었다.

　그는 이런 아름다운 고장과 오랜만에 맛보는 포근한 가정. 그리고 사랑하는 아내를 두고 전쟁터로 간다는 것이 한없이 아쉬웠지만 상부의 명령이라 어쩔 수 없었다.
　군비를 정비하고 군사들을 정리하여 출정준비를 서둘렀다.
　"여보, 출정하지 않으면 안돼요?"
　아내는 안 되는 줄 알면서도 억지를 부려 봤다.
　"명령인데 어찌 안갈 수 있겠소. 곧 돌아 올 테니 염려 말아요."
　출정준비가 완료되자 승언은 아내를 위로하고 군선들을 이끌고 북쪽으로 떠났다. 떠나는 승언은 뱃전에서, 아내는 견승포의 바닷가에서 아쉬움에 서로 떠날 줄을 모르고 서 있었다.
　남편을 떠나 보내고 집으로 돌아온 아내는 이전까지의 출정 때와는 다르게 쓸쓸하고 허전한 마음을 가눌 길이 없었다.
　너무 오래도록 남편과 같이 행복했기 때문인가. 아니면 그의 이번 출정이 불안했기 때문인가. 그러나 그의 건장한 몸과 곧 돌아오겠다는 굳은 약속을 믿으며 마음을 스스로 다스렸다.

아내는 남편을 떠나보낸 후 그가 집에 있을 때와 같이 매일 집안과 몸단장을 정히 하고 남편이 무사히 돌아오기를 기다렸다. 그러나 시일이 갈수록 마음은 자꾸만 불안해져 갔다. 그래서 그냥 집에 앉아서 남편을 기다릴 수가 없었다. 바닷가로 나가서 기다렸다. 그래도 마음이 초조하여 먼 바다까지 보이는 높은 바위에 올라가 기다렸다. 이렇게 매일 같이 남편을 기다리며 보낸 세월이 2년이 넘었다. 그래도 남편은 돌아오지 않았다. 뿐만 아니라 소식조차도 없었다.

아내는 이제 식음마저 전폐하다 시피 하며 하루 종일 먼 바다만 바라보았다. 그러다 어느 날 바위섬에서 끝내는 죽고 말았다. 아내가 죽고 난 뒤 이 바위는 차츰 차츰 아내가 남편을 기다리며 서 있던 모습으로 변하여 갔던 것이다. 그래서 후세 사람들이 이 바위를 할미바위라 부르게 되었던 것이다.

지금도 이 할미바위는 지나는 배들을 바라보면서 외롭게 서있고 전설을 아는 선원들은 집에 두고 온 부인들을 한 번쯤 생각한다.

지금 '승언리'라는 지명도 당시 '승언'이라는 사람의 이름에서 유래된 것이라고 한다. 할미바위와 마주하고 있는 할아비바위에 대하여는 아무 전설이 없는 것을 보면 이는 할미바위에 상대해서 붙인 이름인 것 같다.

이 할미바위와 할아비바위는 석양을 받으면 퍽이나 아름답기도 하고 애잔해 보이기도 한다. 그래서 사진 작가들이 이 곳을 많이 찾아온다고 한다.

강원

강릉 해랑당 海娘堂
강릉 주문진의 아들바위
강릉 주문진의 진이 서낭
강릉 주문진의 해당화 서낭당
삼척 척주 동해비
삼척 해신당

강원

강릉 해랑당 海娘堂

 강원도 강릉시 강동면 안인진安仁津. 강릉시청에서 삼십 여리, 정동진으로 가는 길목이기도 하다. 동해의 쪽빛 바다가 시원스레 펼쳐지는 관광어촌으로 숙박시설이 즐비하다. 이 안인진이란 어촌에서 바다 쪽으로 한눈에 바라다 보이는 곳에 송림으로 둘러 쌓인 동산이 거북이의 머리 같이 바다로 향하여 뻗어 있다. 이 동산을 봉화산이라 하는데 산 정상에는 군부대가 있어 일반인은 출입을 못하고 있지만 이 곳에는 가족의 오해로 인해 실성하여 죽은 처녀의 전설이 담긴 해랑당이란 조그만 사당이 있다.

 옛날 이 어촌에 한 어부가 살고 있었다. 이 어부에게는 해랑이라는 딸 하나가 있었는데 과년하도록 출가를 시키지 못하고 있었다. 인물이 못나서도 아니고 행실이 나빠서도 아니었다. 다만 남자를 보는 눈이 높아 웬만한 남자는 눈에 들지 않았기 때문이었다.
 하루는 이웃집 할머니가 집에 찾아와 해랑이의 중매 말을 끄집어 냈다. 건넛마을에 사는 대장간집 맏아들인 곰쇠란 총각이었다. 곰쇠의 집안 살림은 그런 대로 넉넉한 편이었지만 생김새는 까만 얼굴에 볼품 없는 체구인지라 해랑의 마음에 들 리가 없었다. 옆방에서 엿듣던 해랑은 그만 화가 나서 바닷가로 나가 버렸다.
 "과연 내가 바라는 총각은 나타나지 않을 것인가."
 이렇게 한탄을 하며 동구 밖 선창가에 까지 이르렀다. 마침 그곳에는 아버지가 어떤 젊은 목수와 같이 고깃배를 수리하면서 다정하게 이야기를 주고 받고 있었다.

내용인즉 목수는 떠돌이 총각이지만 기술이 뛰어나고 마음씨까지 착한 모양이었다. 그래서 아버지는 칭찬을 아끼지 않으면서 마땅한 자리가 있으면은 장가를 갈 생각이 있는가를 물었고 총각은 따님이 있으면 사위를 삼아 주신다면 고맙겠다고 말했다. 이어 아버지는 허허 하고 너털웃음을 웃으며 "두고 봄세"하고 만족 해 하는 것이었다.

이런 대화를 훔쳐 들으며 목수 총각을 곁눈질하던 해랑은 가슴이 두근거리고 얼굴이 달아오르기 시작했다. 반듯한 이목구비, 우람한 체구, 그리고 쾌활한 목소리. 그는 바로 해랑이가 바라던 그런 총각이었다. 한 눈에 반해 버린 해랑은 이런 좋은 총각을 두고 왜 지금까지 말을 안했는지 아버지가 원망스럽기까지 하였다.

이 때부터 목수 총각을 사모하게 된 해랑은 아버지의 말씀으로 봐서 자기의 남편이 될 것이 확실 하였기에 모든 일이 즐거웠고 얼굴에는 웃음꽃이 피어났다.

그러나 이런 영문을 모르는 부모들은 갑자기 해랑이가 명랑해지고 얼굴에 웃음꽃이 피어나는 이유가 며칠 전에 이웃집 할머니가 와서 건너 마을 곰쇠란 총각과의 결혼이야기가 있었을 때 이를 듣고 그럴것이라고 생각하게 되었다. 그래서 부모들은 해랑이를 불러 앉혔다.

"해랑아 결혼할 생각이 있느냐?"

"……"

해랑이는 당연히 목수 총각일 것이라고 생각 하고 얼굴을 붉히는 모습으로 승낙 표시를 하였다.

"그래 알았다."

부모들은 이로써 곰쇠와의 결혼을 받아드리는 줄로만 알고 곰쇠와의 결혼을 서두르는 대신 목수 총각하고의 일은 없었던 것으로 하여 배의 수리가 끝나기가 바쁘게 서둘러 목수 총각을 돌려 보내 버렸다.

강릉의 해랑당

 뒤늦게 이런 사실을 알게 된 해랑은 그만 실성을 하여 동네를 돌아다니다 동네 뒷산 제일 높은 곳에 올라가 바다를 바라보고 목을 매고 죽고 말았다.
 그런데 해랑이가 죽고 난 후부터 동네에는 재앙이 끊이지 않았다. 멀쩡한 사람이 죽는가 하면 사이좋게 지내던 이웃이 서로 싸움을 하고 아무 것도 아닌 일로 동네가 시끄럽기도 했다. 뿐만아니라 바다에서는 고기가 잡히니 않았다. 더욱이 밤만 되면 처녀 귀신인 해랑이가 나타나 총각들을 잡고 희롱을 하는 바람에 동네 총각들은 밤 출입을 할 수 없었다.
 하루는 담이 큰 총각이 밤길을 가다가 해랑 귀신을 만나게 되었다.
 "요망한 년 당장 사라지지 않으면 성황님께 빌어 잡아가게 하겠다."
 총각은 처녀 귀신인 해랑이를 보고 호통을 쳤다. 총각의 기세에 눌린 해랑은 눈물을 흘리며 자기 소원을 이야기 하였다. 사당을 짓고 그 안에 남자

모양을 만들어 넣어 주면 다시는 나타나지 않을 뿐 아니라 동네 재앙도 없애고 고기도 많이 잡게 해주겠노라고 했다.
　이런 사실이 동네에 알려지자 사람들은 급히 해랑이가 죽은 뒷산의 높은 곳에 사당을 짓고 사당 안에는 남자의 모양을 만들어 두었다. 그랬더니 과연 그 뒤부터는 동네 재앙도 없어지고 고기도 많이 잡혔다고 한다.
　이 전설과는 다르게 일부 동네 사람들은 해랑은 기생으로 봉화산에서 부사와 함께 그네를 타고 놀다 떨어져 죽었는데 이를 불쌍히 여겨 부사가 사당을 지어 제를 지내게 했다고도 전해진다.

> 강원

강릉 주문진의 아들바위

강원도 강릉시 주문진읍 주문6리 소돌(牛巖)마을. 주문진읍 사무소에서 수협 위판장과 방파제를 돌아나가는 주문진 해안도로를 북쪽으로 2km 정도 가면 소돌 해수욕장에 못 미친 도로 곁 쪽빛 해변에는 아름다운 바위들이 포말을 일으키며 널려 있다. 이 바위들 중에 크고 구멍이 뚫린 바위 하나가 있다. 이 바위를 '아들바위' 또는 '소원바위'라 한다.

옛날 소돌마을에 가난하지만 동네 궂은 일은 도맡아 하면서 고기를 잡아 생계를 이어 가던 착하고 어진 어부 내외가 살고 있었다. 이 어부에게는 3대 째 독자로 내려오는 귀한 아들이 있었는데 어느 해 이 아들이 싸움터로 끌려 갔다가 그만 전사를 하고 말았다. 그러나 전사 사실을 모르는 어부의 아내는 매일 같이 아들이 무사히 돌아오기만을 용왕님께 간절이 빌었다. 어머니의 지극한 정성 때문인지 하루는 꿈에 용왕이 나타났다.
"소돌마을 바닷가 죽도에 있는 큰 바위에 구멍이 뚫릴 때까지 빌면 좋은 소식이 있을 것이다."
용왕은 이렇게 말을 남기고는 홀연히 사라졌다.
아내는 용왕의 말을 믿고 큰 바위에 구멍이 뚫릴 날만을 기다리며 더욱 열심히 빌었다.
그러던 어느 날 갑자기 죽도에 있던 큰 바위에 구멍이 나더니 그리던 아들이 불쑥 나타났다.

주문진의 아들바위

아들은 성큼성큼 집으로 걸어 들어 왔다.
"어머니!"
"오냐. 내 아들아."
아내는 너무나 반가워서 맨발로 아들을 맞으러 나가던 중 그만 꿈에서 깨고 말았다. 너무나 허망하고 이상하여 남편에게 꿈 이야기를 하고 백방으로 아들의 소식을 알아 보았다. 아들은 이미 전사하였다는 청천벽력과도 같은 소식이 전해졌다.

그런데 이상하게도 그 후 부인은 곧 임신을 하게 되었다. 열달이 되어 출산을 하게 되었는데 아들이었다. 이 아들은 자라면 자랄수록 생김새와 성격 등 모든 것이 전쟁터에 나가 죽은 아들의 모습과 너무나 같았다. 이런 아들을 보고 주위 사람들은 용왕이 오직 한마음으로 극진히 기도하는 부인의 정성에 감응하여 죽은 아들을 환생시켰다고 말들을 하였다.
　이 아들은 자라서 부모를 잘 받들어 봉양하고 마을을 위하여 훌륭한 일들도 많이 했다고 전해진다.
　이 때부터 죽도의 큰 바위 밑에서 소원을 말하며 기도하면 이 소원이 이루어 졌다고 한다. 특히 자식이 없는 사람이 자식을 낳을 수 있기를 기원하면 자식을 낳는다고 하여 '소원바위' 또는 '아들바위'라 부른다고 한다.
　지금 주문진읍에서는 전설의 아들바위의 주변을 관광지로 개발하기 위하여 새롭게 단장을 하고 '기도자祈禱者조형물'과 '반구半球아기 조형물'을 설치하였다.
　이 조형물은 간절히 기도하는 사람의 형상과 기도에 의해 태어나는 아기의 모습 그리고 둥근 우주와 인간 윤회를 형상화 하였는데 아들바위의 전설을 그대로 나타내고 있다.

강원

강릉 주문진의 진이 서낭

　강원도 강릉시 주문진읍 주문1리 273번지. 주문진항의 긴 방파제가 뻗어 있는 바로 위 동산의 정상에 쪽빛 동해바다를 내려다보며 서 있는 3칸 자리 팔작지붕의 성황신당이 있다. 성황당으로의 규모가 어느 지역보다 크고 뜰도 넓어 지역민들의 참여도를 알 수 있다. 이 성황당이 특이한 것은 이곳에 네 사람의 초화상을 모시고 있다는 것이다. 그러나 주신은 억울하게 죽은 진이의 혼이다.

　고려시대 주문진 나루터에 어부인 아버지와 진이라는 처녀가 살았다. 진이는 비록 그 아비가 어부이지만 얼굴이 너무나 예뻐 주변의 총각들 중 탐내지 않는 자가 없었다.
　그러나 진이는 아직 아버지에게 말씀을 드리진 않았지만 마음씨 착하고 성실하면서 홀로 계시는 아버지를 모실 총각 어부 한사람과 장래를 약속한 처지이기에 어떤 사람의 유혹에도 흔들리지 않았다. 그러던 어느 화창한 봄날이었다. 그 때 마침 이 곳을 순시하던 연곡 현감이 진이를 보게 되었다. 호색가인 그로써는 빼어난 미모의 진이를 보고 그냥 둘 리가 없었다.
　"저 애가 누구냐?"
　"예. 진이라는 어부의 딸입니다."
　"오늘 저녁 저 애를 불러 수청을 들게 하라."
　그러나 진이는 이미 장래를 약속한 총각이 있었기에 이를 거절 하지 않

주문진 진이 서낭

을 수 없었다.
 현감은 비록 기생은 아니지만 상것인 주제에 자기의 수청을 거절한 진이가 괘씸하였지만 어쩔 수 없이 일단 돌아갈 수 밖에 없었다. 대신 현청으로 돌아온 현감은 매일 같이 진이의 아버지를 불러들여 닦달하였다.
 "너의 딸이 진정 나의 수청을 들지 못하겠다는 말이냐?"
 아버지는 딸을 달래 수청을 들게 하겠다고 사정사정 하고는 집에 돌아오곤 했다.
 딸은 이런 아버지의 고초를 보고 눈물을 흘리면서도 끝내 현감의 수청을 거절할 뿐 아니라 장래를 약속한 총각이 누구인지도 말하지 않았다.
 아버지는 현감의 닦달에 더 이상 견디지 못하여 딸을 불러 달래고 꾸짖어 보았다.
 "너가 아버지 죽는 꼴을 봐야겠느냐?"
 그러나 딸은 끝까지 수청을 거절하였다.
 화가 난 아버지는 딸을 삭발 하여 골방에 가두어 버렸다.
 한동안 이렇게 딸을 골방에 내어 두었던 아버지가 인기척이 없어 방문을 열어 보니 딸은 이미 죽어 있었고 그 옆에는 딸이 낳은 사내 아이도 함께 죽어 있었다. 아버지는 통한의 눈물을 삼키며 남몰래 장사를 치렀다. 그런데 진이가 죽은 그 해부터 동네 앞바다에는 풍파와 해난사고가 끊일 날이 없었다. 뿐만 아니라 흉어도 계속되었다. 동네 사람들은 이는 필시 억울하게 죽은 진이의 혼 때문일 것이라 생각하고는 뜻을 모아 진이의 영혼을 달래주기 위하여 제단을 만들고 제사를 지내 주었다.

조선 광해군 6년1614년 강릉부사로 부임한 우복遇伏 정경세鄭經世가 초도 순시차 주문진 바닷가를 지나다가 포구에서 온 동민들이 제사 지내는 것을 보고 그 사연을 알아본 즉 억울하게 죽은 진이와 그로 인한 해난사고의 이야기를 들었다. 부사는 진이의 절개를 지킨 사연에 감동하여 즉시 열녀문을 세워주기 위해 조정에 건의하였으나 조정에서는 상것이라는 이유로 열녀문은 곤란하니 적절히 표상하라 하여 부득이 주문리 나루터에 서낭당을 짓고 동답을 몇 마지기 내려 진이의 명복을 빌어 주게 하였다. 그 이후 마을은 평온하고 풍어가 계속되었다고 한다.

이 서낭당에 그려져 있는 네 명의 초상화 가운데 중앙에 있는 분이 이곳 지역을 개척하고 발전시킨 유학자인 정우복 선생이시고 왼쪽에 서 있는 여인이 진이 신이며 진이 신 앞에 어린애는 진이의 아들이라 한다. 그리고 오른쪽은 용왕신이라고 한다. 아들이 없는 사람이 이 서낭당에서 3년 만 헌관을 하면 아들을 낳는다는 이야기도 전해 오고 있다.

강원

강릉 주문진의 해당화 서낭당

　강원도 강릉시 주문진읍 주문리 소돌牛岩마을, 소가 누워 있는 형상을 하고 있다 하여 붙여진 이름이다.
　주문진항 방파제에서 시원하게 뻗은 해안 도로를 타고 돌아 2km 정도 가면 넓은 백사장과 물이 맑기로 유명한 소돌해수욕장이 나타난다. 여기서 동쪽을 보면 산과 같은 큰 바위가 있고 바위 꼭대기에 해당화를 중심으로 제단과 나지막한 담장이 2평 남짓 둘러싸고 있다. 이 곳이 해당화를 서낭목으로 모시고 있는 해당화 서낭당이다.

　조선시대 소돌마을에는 해海씨 성을 가진 아리따운 처녀와 멀리서 고기잡이를 하러 온 봉鳳씨 성을 가진 건강한 총각이 있었다. 이들은 서로 마음이 맞아 사랑을 하게 되어 장래를 약속 하게 되었다. 그러나 이러한 사실을 뒤늦게 안 처녀 부모들은 떠돌이 총각에게 절대 딸을 줄 수 없다며 끝까지 결혼을 승낙하지 않았다. 부모의 반대에 부딪힌 이들은 차라리 저승에 가서 자신들의 사랑을 맺겠다고 결심을 하고 파도가 높게 치는 어느 날 둘은 부둥켜 안은 채 바닷가 높은 바위 위에서 바다로 뛰어내려 죽고 말았다.
　그 후 어찌 된 일인지 소돌마을에는 자꾸만 재앙이 생기고 흉어와 흉년이 계속되었다. 자연, 마을 인심은 흉흉해졌다. 평화롭던 마을에 도둑이 생기고 싸움이 빈번이 일어났다. 주민들은 모여 수차 의논을 하였다. 이는 필

주문진 해당화 신당

시 해양화 봉군의 한 맺힌 죽음 때문일 것이라는 결론이었다. 그래서 동네에서 두 사람의 영혼을 달래 주는 제사를 지내주기로 했다.

이렇게 제사를 지내 준 뒤 얼마 지나지 않아 해양과 봉군이 뛰어내린 바위에는 작은 가시나무 하나가 자라더니 빨간 꽃이 피고 꽃이 진 다음에는 빨간 열매가 맺혔다. 뿐만 아니라 그 바위 꼭대기에는 늘 봉황이 날아드는 듯한 모습이 보였다. 마을에는 재앙도 없어지고 고기도 잘 잡혀 마을 전체가 다시 평화롭고 풍요로워졌다. 이에 마을 사람들은 해양과 봉군의 영혼이 잘 결합되어 이 가시나무를 자라게 하고 빨간 꽃과 열매를 맺게 하여 마을을 잘되게 했다고 생각하고 바위 위의 작은 가시나무를 마을의 수호신으로 여겨 서낭당의 서낭목으로 하였다. 그리고 작은 가시나무의 꽃은 해海양의 성씨를 따라서 해당화海棠花라 불렸고 서낭당을 해당화海棠花 시낭당으로 불렀으나 마을회의에서 해당海棠은 해海양을 뜻하므로 처녀에게 옷을 입혀야 한다고 하여 당棠자에 옷의衣자를 넣어 독특한 당裳자를 만들어 해당화海棠花서낭당으로 쓰고 있다. 이 후 이 해당화는 바람과 물결을 따라 동해안의 바닷가로 씨앗을 퍼뜨려 꽃을 피우기 시작 했다고 한다.

　이 서낭당의 서낭제는 음력 정월 초사흘과 시월 초하루 두 번에 걸쳐 날자를 받아 자정에 제사를 지낸다. 그러나 지금은 해안의 군부대 통제로 인하여 초저녁에 제사를 지낸다. 제물로는 마을이 소가 누워 있는 형상을 하고 있다 하여 절대 쇠고기나 네발 짐승 고기를 쓰지 않고 수탉을 사용하고 있다.

　이 서낭당은 당집이 없는 것이 특징인데 이는 동네에서 몇 번이나 당집을 지었으나 그럴 때마다 짓던 당집이 무너져 내려 현재까지 당집이 없다고 한다.

강원

삼척 척주 동해비

　강원도 삼척시 정상동 82~1번지의 육향산. 삼척 버스 터미널에서 약 24km 정도의 거리에 있다. 여기는 울창한 숲속에 대한평수토찬비大韓平水土贊碑와 공덕비 등 각종 비석과 비각들이 비각 공원이라 할 수 있을 정도로 10개나 들어 서 있는 좁지만 제법 높은 동산이다. 이 동산의 정상에는 홍살문을 한 척주동해비陟州東海碑가 서 있다. 이 비석은 높이 139cm 폭 75cm 두께 23cm로 지방 유형문화제 제38호로 지정되어 있는데 조선 숙종 때 미수 허목許穆 1595 - 1682이 예론禮論 문제로 송시열과 맞서다 삼척 부사로 쫓겨나 이 곳에서 재임하면서 파도로 인해 주민들의 피해가 크므로 이 피해를 막아 보려고 이 비를 세웠다고 한다. 이 비는 일명 퇴조비退潮碑라고도 일컬었다.

　허목은 퇴계 이황의 성리학을 물려받아 근기의 철학발전에 가교적 역할을 한 인물로 조선 후기 1660년현종 원년 효종의 초상에 대한 모후의 상복기간 문제로 서인 송시열의 기년설을 반대하여 남인의 선두에서 삼년설을 주장하다 삼척 부사로 좌천되었다. 삼척 부사로 부임한 허목은 많은 주민들이 바다를 바라보고 살고 있으나 바다는 하루도 조용할 날이 없을 정도로 파도가 높고 읍내까지 조수가 올라올 뿐 아니라 홍수 때는 오십천이 범람하여 주민들의 피해가 극심함을 알게 되었다. 이런 주민들의 사정을 안타까이 여긴 그는 어떻게 하면 파도를 조용하게 재울 수 있을까를 생각했다.

척주 동해비각

　생각 끝에 '신증동국여지승람'에서 고려때 수로가 험악하여 조운선이 여러 차례 침몰하자 서산 지령산에 안파사安波寺란 비보사찰을 지어 세공선의 주요 통과지점인 안흥량의 거센 파도를 불력으로 다스렸다는 것을 알고는 허목의 신비스런 문장으로 비문을 작성하고 웅혼한 필치로 석각하여 파도를 막는 것을 기원하는 비석을 정나진汀羅津앞의 만리도萬里島 현재 축항의 끝머리에 세웠다.
　과연 이 비석을 세우자 파도가 잦아들고 바다가 조용하여 주민들의 피해가 줄어들었을 뿐 아니라 어부들은 풍어가를 부르게 되었다. 그 뒤 부임한 부사 이혜가 '허미수 선생이 퇴조비를 세워서 조수를 막았다'고 기록을 남겼더니 이 기록을 본 어떤 사람이 이를 우습게 여겨 그 비를 도끼로 쳐 부셔버렸다. 그랬더니 다시 파도가 높아 지고 조수가 밀려들어 주민들의 피해가 늘어가자 부사 박내정朴乃貞이 1710년숙종36년 예전의 비를 모사하여 죽관도, 지금의 장상리 육향산 동록에 비각을 짓고 비를 옮겨 세웠더니 그제야 파도가 자고 바다가 잠잠해졌다고 한다.

현재의 비는 1969년 12월 6일 이 곳으로 옮겼으며 정면과 측면이 각 1칸에 맞배지붕의 단청된 비각 안에 세워져 있고 그 전면에 '陟州東海碑閣'이란 서액판이 계판 되어 있다.
　이 육향산은 옛날에는 섬으로, 바로 바다와 접하고 있었지만 지금은 그 주변이 전부 매립되어 시멘트 공장과 아파트가 앞을 막아서 있다. 그러나 척주동해비 옆의 팔각정에 올라서 보면 동해의 짙푸른 바다가 한눈에 들어온다.

강원

삼척 해신당

　강원도 삼척시 원덕읍 갈남2리. 동해안의 7번 국도에서 바로 내려다 보이는 80여 호의 크고 아름답기로 이름난 일명 섶너울 또는 신남新南이라는 마을이다. 이 마을에서 해안선을 따라 산기슭의 곳으로 가면 두 개의 장승과 향나무가 지키고 있는 산길이 있다. 이 길을 오르면 동해 바다를 한 눈에 볼 수 있는 곳인 곳의 끝 지점인 벼랑 끝에 향나무로 깎은 수십 개의 남근이 잘 엮어진 채 걸려 있는 마을 처녀의 초상을 모신 해신당이 있고, 이 곳에서 바다를 내려다 보면 동쪽으로 유난히 갈매기가 많이 날고 있는 곳에 가물가물 파도에 씻기고 있는 애바위라는 바위가 있다.

　지금부터 약 400여 년 전 이 마을에는 장래를 약속한 한 처녀와 총각이 있었다. 하루는 처녀가 바다 가운데 있는 애바위섬에 돌김을 따러 가겠다고 총각에게 배로 데려다 달라고 부탁을 하게 되었다. 총각은 장래를 약속한 처녀의 부탁이라 두말 않고 바다 가운데 있는 애바위섬에 데려다 주고 밀물 때 데리러 오겠다는 약속을 하고는 마을로 돌아왔다.
　마을로 돌아온 총각이 밀물 때가 되어 처녀를 데리러 가려 하자 갑자기 폭풍이 일어 도저히 배를 띄울 수가 없게 되었다. 총각은 바닷가에서 발을 동동 굴렀고 처녀는 목이 터져라 총각을 부르며 배를 기다렸지만 방법이 없었다. 결국 처녀는 바위를 덮치는 파도에 휩쓸려 바다에 빠져 죽고 말았다.
　처녀가 이렇게 죽고 난 후 이상하게도 바다에는 고기 씨가 마른 듯 고기

삼척 해신당

가 잡히지 않았고, 바다에 나갔던 젊은 사람들도 이유없이 죽거나 사고를 내고 돌아오기 일쑤였다. 그러던 중 어느 날 장래를 약속했던 총각의 꿈에 죽은 처녀가 향나무 숲에 나타났다.

"처녀의 몸으로 죽은 것이 너무 억울해요. 넋이라도 위로해 주세요."

이렇게 부탁을 했다.

총각은 처녀의 부탁을 부모들에게 이야기 했고 이는 마을 사람들에게 전해 졌다.

마을 사람들은 지금까지 고기가 잘 잡히지 않고 젊은 사람이 죽는 것과 사고가 자주 일어나는 것이, 억울하게 죽은 이 처녀귀신 때문 일 것이라고 생각하게 되었다. 그래서 꿈에서 보았다는 그 곳의 향나무를 신목(神木)으로 모시고 제사를 지내 처녀의 넋을 위로하였다.

그러나 제사를 지내고 위령을 해줘도 보답은 커녕 오히려 젊은 사람들이 더 많이 죽고 사고도 잦고 고기도 더 잡히지 않았다. 이렇게 되자 마을 젊은 남자들 간에 불평이 오고 갔다.

어느 날 한 젊은 남자가 바다에 나갔다가 고기를 한 마리도 잡지 못하자 화가 잔뜩 나서 술을 한잔 하고는 신목에다 오줌을 갈겨 버렸다.

"아무리 정성을 들여도 아무 소용도 없는데 처녀 넋이니 신목이니 하는 것이 무슨 소용이 있단 말인가. 말짱 헛것이지, 내 오줌이나 먹어라."

뒷날 이 남자가 어제 저녁에 신목에 오줌을 눈 것이 아무래도 마음에 걸려 혹시 처녀 귀신이 해코지나 하지 않을까 하면서 조심조심 바다에 나가 쳐 놓은 그물을 당겨 보았다. 그랬더니 지금까지 그렇게 귀했던 고기들이 그물 가득히 들어 있는 것이 아니겠는가. 그러나 다른 사람의 그물에는 고기가 한 마리도 없었다. 이상한 일이라고 생각했다. 어제 저녁 신목에 방뇨를 한 것이 아무래도 꺼림칙해서 조심을 했는데 오히려 만선을 한 것이다. 그래서 시험 삼아 또다시 방뇨를 해봤다. 그랬더니 또다시 그물 가득 고기가 들어 만선을 하게 되었다.

이 일로 마을 사람들은 처녀가 원하는 것은 제사 음식이 아니라 남자의 양기임을 짐작하게 되었다. 그 다음부터 처녀 제사에 남근을 깎아 제물로 바쳤다고 한다. 이후 바다와 마을의 모든 생활들이 예전처럼 풍요로워 졌다는 것이다. 지금도 일 년에 두 번, 정월 대보름과 시월에는 정성껏 음식을 장만하고 남근을 깎아 치성을 드리고 있다고 한다. 그리고 보면 신목이 있는 위치도 마을에서 도드라지게 나온 곳이고, 그 곳의 산세가 뾰족한 것도 어쩌면 남자의 성기형태를 닮은 것이 아닌가 한다. 특히 시월에는 오午날에만 제사를 지낸다는데 오午날이 12간지 중에서 성기가 가장 큰 말馬의 날이기도 하기 때문이란다.

제 주

북제주 금녕의 서문 하르방
서귀포 용머리
서귀포 조롱이당
제주시 절부암(節婦岩)
조천 고냥(穴) 할미당(새콧당)
산호해녀

제주

북제주 금녕의 서문 하르방

　제주도 북제주군 구좌읍 서금녕리. 성산산포 가는 국도를 따라가다가 서금녕리로 들어가는 삼거리에서 바다쪽으로 100여 미터를 내려가면 밭의 한가운데 50여 평의 부지에 담을 쌓고 그 안에 1미터 남직한, 앉은 사람 모양의 까만 돌을 모셔 놓은 곳이 있다. 이곳 사람들은 이 돌을 서문 하르방이라고 부르며 극진히 모시고 있다.

　옛날 이 마을에 바다에서 낚시로 고기를 잡아 생계를 이어 가던 윤씨 성을 가진 착실한 어부의 영감이 살았다.
　어느 날, 그 날도 여느 날과 같이 긴 낚시 줄을 감아 뗏목을 저어 먼 바다로 낚시를 나갔다. 그런데 이상하게도 늘 낚시를 하던 곳에 낚시 줄을 내렸는데 고기는 한 마리도 낚이지 않고 눈도 코도 없는 괴이한 까만 돌들만 자꾸 걸려 올라왔다. 자리를 옮겨 보았다. 그래도 역시 고기는 낚이지 않고 까만 돌들만 낚시에 걸려 올라왔다.
　"이상한 일이네. 평생 낚시를 했지만 이렇게 괴상한 돌만 낚아보기는 처음이네."
　이렇게 혼자 소리를 하고는 낚시 줄을 걷었다.
　결국 윤영감은 고기는 한 마리도 잡지 못하고 까만 돌들만 배에 실은 채 부두로 돌아왔다. 부두에서 윤영감은 배에 실려 있는 까만 돌들을 재수 없는 돌이라고 생각하고는 바닷물에 전부 던져 버리고 집으로 돌아갔다.

제주 서문 하르방

　그런데 바로 그 날 저녁부터 집안에 우환이 생기기 시작했다. 밖에서 잘 놀던 애들이 갑자기 아파 드러눕는가 하면 지금까지 아무 탈 없이 잘되던 일들이 뒤틀리기도 하고 별것도 아닌 일에 이웃으로부터 욕을 얻어먹기도 했다.
　윤영감은 이런 일들이 아무리 생각해도 우연히 일어나는 일 같지가 않았다. 그래서 점을 잘 친다는 사람을 찾아가서 문점을 해 보았다.
　점치는 사람은 이리저리 점괘를 두 번 세 번 빼 보고는 고개를 갸웃 거렸다.
　"뭐, 이상한 일이라도 있습니까?"
　"혹시 이상스러운 괴석을 주웠던 일이 없습니까?"
　윤영감이 가만히 기억을 더듬어 보니 엊그제 바다에서 낚시에 걸려 온 먹돌 생각이 났다. 그래서 낚시에 걸려 올라온 먹돌 이야기를 했더니 무릎을 치며 바로 그 돌이 당신네 집안에서 모셔야 할 조상이라는 것이었다. 그 돌을 잘 모셔야 당신네 집안에 우환이 없어지고 편안하며 집안이 잘될 것이라고 일러주었다.
　윤영감은 그 길로 부두로 내려가 재수 없다고 바다에 던져 버렸던 돌을 건져 내어 지금 돌을 모셔 놓은 곳에 담을 쌓고 정성들여 모시고 제사를

185

지냈다. 그랬더니 그 이후로 윤영감은 바다에 나가기만 하면 많은 고기를 잡았고 집안도 편안하였다. 또한 마을에도 큰 변고가 없이 평화로웠다. 이 소문을 들은 마을 사람들이나 이웃 마을 사람들도 이곳을 찾아와 풍어와 어로작업의 안전을 비는 제사를 지냈다고 한다. 또한 자식이 없어 고민하는 부인네들은 이곳에 와서 빌기만 하면 자식을 얻을 수 있다고 하여 여기에 와서 빌었는데, 그래서 이 돌을 기자석祈子石이라고도 했다 한다.

지금은 이 먹돌을 서문 하르방이라 부르며 이곳 윤씨 집안에서 잘 모시고 있다. 어업을 하는 사람들은 지금도 이곳을 찾아와 풍어와 어로작업의 안전을 비는 제사를 지내고 있다.

이 서문 하르방을 바다에서 처음 건져 올렸던 윤영감의 묘소도 이 서문 하르방에서 200여 미터의 거리에 있다.

제주

서귀포 용머리

제주의 삼방산안덕면 화순리 밑 바닷가 용머리라고 하는 언덕이 있다.
삼방산의 줄기가 급히 바다로 떨어져 기암 절벽을 이루면서 언덕이 되어 기다랗게 바다에 뻗어내린 것이다.
그 꼴이 마치 용이 머리를 들고 바다로 내려가는 것 같아 〈용머리〉라는 이름을 붙였다고 전한다.
이 용머리에 진시황의 신하 고종달이의 전설이 얽혀 있다.

옛날 진시황 시대 이야기다.
진시황은 천하를 얻었다. 그의 영토에 만리장성을 둘러놓고 외적이 꼼짝 못하게 방어태세를 철저히 갖추었다.
그러나 그러면 그럴수록 걱정도 만만치 않았다.
"만약 어느 이웃나라에 제왕감이 태어난다면 내 왕국이 온전할 수 없다."
진시황은 언제나 마음이 놓이지 않았다.
그리고, 또 하나.
"오래 오래 살아야 더 많은 복을 누리고 통치를 할 수 있다."
는 생각이 머리를 짓눌렀다.
따라서, 수많은 부하들을 시켜 이웃나라에 제왕감이 태어나는지 감시를 시키는 한편, 오래오래 살 수 있는 불로장생약을 구해오게 하였다.
어느 날, 진시황은 수하들로부터 이런 말을 들었다.

"제주도 왕후지지가 있어 제왕이 능히 태어날 우려가 있습니다."

만약이 현실로 다가왔다는 사실에 놀란 진시황은 곧 수하들을 불러 대책을 의논했다.

그 수하 가운데서도 풍수지리에 능한 고종달이를 가까이 불러 명령을 내렸다.

"남쪽 섬 제주에 반역의 기운이 비치고 있다고 하니, 고종달이는 이를 명심하고 그 땅을 샅샅이 뒤져서 맥을 끊어 후환을 없애고 오너라."

진시황의 추상같은 명을 받은 고종달이는 즉시 배에 올라 제주로 향했다.

고종달이는 진시황의 영에 따라 제주에 무사히 도착하여 쉴 틈도 없이 조사에 나섰다.

그러나, 그 제왕감이 태어난다는 땅은 쉽게 찾을 수 가 없었다.

고종달이는 한라산을 비롯하여 크고 작은 여러 오름들을 다 답사하다가 문득 왕후지지를 찾아내었다.

그것은 바로 삼방산에 있었다.

고종달이는 속으로 쾌재를 부르며 삼방ㅅ산을 탐색하기 시작했다.

고종달이는 삼방산 일대를 샅샅이 돌며 끊어야할 맥의 가장 요긴한 곳을 찾아내었다.

그것은 바로 용머리였다.

'이 용이 살아있기 때문에 왕후지지가 되는 것이니 이놈만 끊어 죽이면 문제가 없을 것이야.'

하고 생각하면서 고종달이는 먼저 용의 꼬리부분을 칼로 내리쳤다.

시뻘건 피가 불끈 솟아올랐다.

"그렇지! 네 놈이 죽어야 우리 황제님의 걱정이 사라지신다."

하고 회심의 미소를 지었다.

이어서 고종달이는 용의 잔등부분을 두 번 끊어버렸다.

끊자마자 시뻘건 선지피가 뭉클뭉클 솟아오르고,

"드드드드르르륵, 우루루룩!"

하고 삼상산이 크게 울었다 한다.
제주 섬은 이렇게 슬픈 기억을 가지고 있는 것이다.
그 이후 제주에는 왕이 나지 않는다고 전해온다.
이 용머리는 꼬리부분, 잔등이 부분의 바위가 묘하게도 가로로 똑똑 끊어져 있는데 이것은 그때 고종달이가 끊어버린 칼자국이라고 전해져 온다.

서귀포 조롱이당

제주도 서귀포시 서귀동 보목리甫木. 파라다이스 호텔에 인접한 아름답고 한적한 어촌이다. 이 동네를 들어가다 보면 입구에 동네를 감싸고 돌아가는 하천이 있다. 이 하천을 따라 500여 미터를 올라가면 사철나무와 보리수 숲이 우거진 언덕 밑에 노인 신을 모신 조록이당 또는 조노궤라는 당이 있다.

옛날 이 마을이 제대로 형성되기 전 고기잡이로 생계를 이어가던 일곱 형제가 있었다. 어느 날 이 일곱 형제는 같이 배를 타고 먼 바다에 고기를 잡으러 나갔다. 한참 고기를 잡고 있었는데 갑자기 짙은 안개가 끼면서 바다가 일렁이기 시작했다. 도저히 더 이상의 고기잡이는 어렵다고 보고 집으로 돌아가려고 한참을 노를 저어 갔는데 도착한 곳은 엉뚱하게도 집이 아니라 난생 처음 와본 섬이었다.

이 섬은 제주도 멀리 떨어진 외눈백이 섬이라는 곳이었지만 이들 일곱 형제로서는 처음이었던 것이다. 모두 당황하였지만 너무 피곤하고 시장하기에 일단 쉬었다 가기로 하고 인가를 찾았다. 그러나 인가는 쉽게 눈에 띄지 않았다.

무인도일지도 모른다는 불안한 마음으로 이리 저리 인가를 찾아 헤매다 사람의 발자국을 발견하고는 그 발자국을 따라가다 오후 늦게 겨우 초가집 한 채를 발견하고 찾아 들었다. 초가에는 노파 한 사람이 있었다. 일곱 형제는 자기네들의 딱한 전후 사정을 이야기하고 하룻밤 유숙할 것을 간청하였다. 노파는 이들을 유심히 살펴본 뒤 이상한 미소를 흘리며 쾌히 승낙하고 이들을 뒷방으로 안내하였다. 방으로 들어온 형제들은 너무나 피곤하여 모두 쓰러져 잠이 들었지만 막내만은 어쩐지 잠이 오지 않았다. 얼마 후 노파가 요기나 하라면서 밥과 국을 들여왔는데 형제들은 시장했던 터라 자다가 일어나 눈을 비비며 허겁지겁 맛도 모르고 먹었지만 막내는 아무래도 그 국에 들어있는 고기 맛이 이상하다고 느꼈다. 뿐만 아니라 노파의 미소도 그렇고, 꼭 집어 말할 수는 없지만 집안 분위기도 뭔가 모르게 자꾸만 신경을 건드렸다. 그래서 처음부터 피곤하면서도 잠이 오지 않았던 것 같았다.

다른 형제들은 요기를 하자마자 전부 깊은 잠에 골아 떨어졌다. 그 때 바깥에서 인기척이 났다. 이집 할아버지인 듯한 사람이 외출에서 돌아온 것 같았다.

"영감 이제야 오시네요."

"오늘은 재수가 없는 날이오. 사냥도 못하고."

"나는 오늘 집에 가만히 있으면서도 일곱 마리나 잡아 놓았소."

"어디에 잡아 두었는데?"

"뒷방에 가두어 두었소."

막내는 노파와 할아버지의 말소리를 듣고는 정신이 아찔하였다. 저들은 분명 우리를 두고 하는 말이 아닌가. 그럼 저들은 사람을 사냥한다는 말인데 그렇다면 저들은 사람이 아니지 않는가!

막내는 살며시 방문을 열어 보았다. 방문은 밖으로 굳게 잠겨 있었다. 이제 우리 형제들은 다 죽게 되었구나. 이렇게 생각을 하자 마음이 급했다.

막내는 급히 형제들을 깨워 노파와 할아버지의 대화를 이야기하고 빨리 이곳을 빠져 나가지 않으면 잡혀 죽을지 모른다고 말했다. 막내의 이야기를 들은 형제들은 벌벌 떨었지만 막내는 침착했다.

"이미 방문이 잠겨져 있으니 방문으로 나가기는 틀렸고 가지고 있는 연장

세주 조롱이당

으로 소리가 나지 않게 가만가만 벽을 깨어 구멍을 내어 속히 빠져나가도록 합시다."

밖에서는 할아버지가 도끼를 가는지 소리가 서걱서걱 들려 왔다.

벽에 겨우 한사람이 빠져 나갈 구멍이 생기자 일곱 형제는 차례대로 도망을 쳤다. 배가 있는 곳으로 가야 되겠는데 어느 쪽으로 가야 하는지 도무지 알 수가 없었다. 무작정 한참을 도망가다 보니 길가에 웬 백발 노인이 앉아 있었다.

"어르신, 말씀 좀 묻겠습니다."

노인은 말없이 일곱 형제를 물끄러미 쳐다보았다.

"우리는 제주도에서 고기잡이를 왔다가 풍랑과 안개를 만나 이 섬에 피해왔는데 길을 잃고 말았습니다. 우리가 배를 묶어 놓았던 자리를 알 수가 없습니다."

그 때 먼 곳에서 말발굽 소리가 났다. 필시 일곱 형제를 쫓는 그 할아버지일 것이라 생각을 했다. 사태가 급했다.

"어르신 우리를 좀 도와주십시오. 지금, 저희가 쫓기고 있습니다."

노인은 형제들의 사정을 묻지도 않고 큰 바위를 굴려 일곱 형제를 숨겨 주었다. 곧 이어 말을 탄 그 할아버지가 개를 데리고 나타났다.
"조금 전 일곱 사람의 젊은이를 보지 못했소?"
"보지 못했소이다."
할아버지는 이상하다는 듯 고개를 갸웃거리며 개와 같이 몇 번이나 주변을 찾다가 돌아갔다. 할아버지가 돌아가자 노인은 큰 바위를 다시 굴려 일곱 형제를 나오도록 했다. 일곱 형제들은 고맙다는 인사를 하고 지금까지의 일들을 전부 이야기하였다. 노인은 이야기를 듣고 고개만 끄덕거리며 두 말 않고 배가 있는 바닷가 길을 가르쳐 주었다. 그리고는 주의를 주었다.
"배를 타면 절대 집에 갈 때까지 뒤를 돌아보거나 말을 해서는 아니 된다. 만약 이를 어기면 다시 배가 이 섬으로 되돌아오게 되니 명심하도록 하여라."
"어르신 말씀 명심하겠습니다."
형제들은 노인이 가르쳐 준 대로 길을 찾아 배를 타고 보목리 집으로 향하였다. 안개가 걷히면서 멀게만 생각했던 보목리 고향마을이 바로 눈앞에 나타났다. 그런데 그 때 제일 큰형이 그만 반가움에 말을 하고 말았다.
"아이고, 이제야 살았구나."
형의 말이 떨어지자마자 눈 깜짝할 사이에 배는 안개에 쌓이더니 다시 그 섬 앞에 와 있었던 것이다.
기가 막힌 형제들은 기억을 더듬어 다시 그 노인을 찾아갔다.
그 노인은 그 자리에 그대로 있었다.
"왜 말을 함부로 듣지 않느냐"
노인은 이렇게 말을 하고는 일곱 형제를 보호하기 위해 직접 같이 배를 타고 보목리까지 왔다. 무사히 집에 도착한 일곱 형제는 이 노인을 신이라고 생각하고 당을 짓고 노인을 모셨는데 그곳이 조롱이 당이다. 그 뒤 이 노인은 지금 보목리를 지켜주는 신이 되어 매년 동민들이 제를 지내고 있다.

제주시 절부암 節婦岩

　제주도 북제주군 한경면 용수리. 선착장 바로 뒤편, 큰 바위들이 포개어져 언덕을 이루고 있고 그 사이 사이로 고목이 된 사철나무들이 어우러져 한 폭의 그림같이 아름다운 곳이 있다. 이곳에 마멸되어 알아보기는 힘들지만 제주도 기념물 제9호로 지정된 절부암이라 새겨진 바위가 있다.

　조선왕조 말엽 이곳 용수리에 고씨 성을 가진 열여섯 살의 아리따운 처녀와 어부인 강사철姜士喆이라는 총각이 서로 사랑하여 결혼을 하게 되었다.
　그러나 남편인 강사철은 너무 가난하였기에 신혼의 달콤한 기분을 느낄 사이도 없이 결혼 삼일 만에 바다에 나가지 않을 수 없었다.
　부인의 염려를 뒤로 하고 아침 일찍 바다에 나갔던 남편은 갑자기 불어닥친 돌풍으로 그만 바다에 빠져 죽고 말았다.
　결국 결혼한 지 사흘만에 남편을 잃어버린 부인은 거의 미친 사람이 되어 매일같이 바닷가로 나가서 남편의 시체나마 찾게 해 달라고 하늘에 빌고 또 빌었으나 모두가 허사였다. 석 달 동안이나 미친 듯이 바닷가를 헤맸으나 남편의 시체는 끝내 찾지 못했다. 그러자 고씨 부인은 어느 날 바닷가 큰 바위 옆에 있는 높은 나무에 목을 매어 죽고 말았다. 그런데 이상하게도 고씨 부인이 죽은 이튿날 아침에 그토록 빌어도 나타나지 않던 남편의 시체가 고씨 부인이 목매달아 죽은 나무 밑 바닷가에 떠올랐다.
　이 괴이한 현상에 마을 사람들은 모두가 고씨 부인이 열녀이기 때문에

제주 절부암

용왕이 도왔다고 찬탄의 말을 아끼지 않았다.
　이 소문은 동네 밖에까지 퍼져 나가 마침 과거 공부를 하던 신제우라는 선비까지 알게 되었다. 신제우는 당시 이 소문을 듣고 자기가 만약 과거에 급제한다면 고씨 부인의 열녀비를 세우겠다고 마음을 먹었다. 그러나 그때 그러고는 고씨 부인의 일은 까맣게 잊어버렸다.
　신제우는 충분히 공부를 했다고 생각하고는 자신 만만하게 서울로 올라가 과거에 응했으나 예기치 않게 낙방을 하고 말았다. 낙방을 하고 고향으로 돌아오면서 우연히 주막에서 점쟁이를 만나 점을 보게 되었다. 이상하게도 점괘는 어떤 여인이 늘 뒤를 따라 다닌다고 했다. 비록 이번에는 낙방을 했지만 이 여인을 잘 모셔 주면 장원급제 할 것이라는 것이었다.
　신제우는 곰곰이 생각하다가 고씨 부인을 기억해냈다. 제주도로 돌아온 즉시 고씨 부인의 묘소를 찾아 참배를 하고 다시 열녀비를 세우겠다고 마음으로 다짐하였다.
　그 다음 해 과연 신제우는 과거에 급제하여 왕으로부터 제주목 대정 현감의 직책을 제수받고 제주도로 금의환향 하였다.
　신제우는 부임하는 즉시 고씨 부인이 목매달아 죽은 나무 옆 큰바위에 절부암란 글을 새겨 고씨 부인의 절개를 만대에 기리게 했고 두 부부의 시체를 당산봉 서쪽비탈에 합장시키고 큰 제사를 지냈다. 뿐만 아니라 고산과 용수 두 마을 사람들에게 돈 백냥을 내어 이곳 주민들이 고씨 부인이 자결한 날인 3월 15일에 제사를 지내게 했다고 한다. 이때부터 이곳을 절부암이라 부른다고 전한다. 또 한 전설에 의하면 강사철은 어부가 아니라 대나무로 바구니를 엮는 사람으로 자귀도에 대나무를 베러 가다가 바다에 빠져 죽어서 일어났던 일이라고도 전한다.

제주

조천 고냥[六] 할미당[새콧당]

제주 북제주군 조천리 하동 2730번지. 박전홍朴銓洪씨와 부석환68세씨의 대문 앞 돌담 밑에 돌로 덮어둔, 큰 구렁이가 드나들 수 있을 정도의 조그만 구멍이 있다. 이 구멍이 고냥六 할망신인 뱀 신을 모시고 있는 구멍이라고 한다.

옛날 이 마을에 장씨 성을 가진 사람이 육지를 오고 가는 화물선에 화장火匠으로 일을 하고 있었다.

이 장씨는 남달리 부지런 했을 뿐 아니라 이재에 눈이 밝았다. 봉급을 받으면 그 돈으로 육지에서 옷감을 싸게 사서 제주에 와서 비싸게 팔곤 하였다. 한 번은 육지에서 사 온 옷감을 가지고 이곳 저곳으로 팔러 다니다 안덕면 대평리에 들렸다. 마침 물동이를 지고 물을 길러 가는 아주머니를 만났다.

"아주머니! 이 옷감 어떻습니까? 싸게 줄 테니 사십시오."
"옷감은 욕심이 나는데 돈이 없습니다."
"그렇다면 바꿀 물건도 없습니까?"
이 말에 아주머니는 뭔가 생각을 하더니 물었다.
"집에 우황牛黃이 있을 텐데……, 그것도 될런지 모르겠네?"
"되고 말고요."
아주머니는 집으로 들어가더니 장롱서랍에서 우황牛黃을 꺼내 놓았다. 장

제주 조천의 고냥 할망당

씨는 옷감 두 필을 대신 주고는 그 우황을 갖고 육지로 떠났다.
 그 때 마침 서울에 고관의 외아들이 사경을 헤매고 있었는데 별 약을 다 써도 낫지를 않았다. 고관은 이리저리 알아 볼 대로 알아 보다가 마지막으로 문점을 해 보았더니 우황을 먹이면 병을 나을 수 있는데 그 우황은 지금 포구에 와 있는 장씨가 가지고 있다는 것이었다.
 고관은 즉시 사람을 보내어 장씨를 찾아 알아보았더니 과연 우황을 갖고 있었다. 즉시 이를 불러들여 가지고 있던 우황을 사경을 헤매던 외아들에게 먹였더니 외아들의 병이 깨끗이 나았다.
 고관은 너무나 기뻐 장씨를 불러 치하하였다.
 "네가 너무나 고마워 벼슬을 하나 줄 테니 어떤 벼슬을 원하느냐?"
 "저는 무식하니깐 이대로가 더 좋습니다만 정 벼슬을 주시겠다면 동지同知벼슬이면 족하겠습니다."
 "그래, 그야 어렵지 않다. 그 외 다른 것을 원하는 것은 없느냐?"
 "예, 있기는 있습니다만……."
 "그래, 말해보아라."
 "지금 제주도에는 극심한 흉년이 들어 굶어 죽는 백성들이 많습니다. 군량미나 좀 주시면 더 바랄 것이 없겠습니다."

고관은 즉시 장씨에게 동지란 벼슬을 주고 화물선 아홉 척에 쌀을 가득 실어 주었다.

장동지는 부푼 마음으로 쌀을 실은 배를 타고 제주도로 향하였다. 제주 바다 물마루에 이르렀을 때였다. 장동지가 타고 있던 배의 선원 한 사람이 갑자기 고함을 질렀다.

"배에 물이 들어오고 있다."

전 선원들이 뛰어 나왔다. 배의 밑바닥에 구멍이 생겨 바닷물이 펑펑 쏟아져 들어오고 있었다. 이대로 가면 얼마 안가 배가 침몰할 것 같았다.

장동지와 뱃사람들이 전부 죽을힘을 다하여 물을 퍼냈지만 더 이상 감당하기가 어려웠다. 장동지는 모든 것을 운명에 맡기고 하느님과 용왕님께 살려 달라고 기도를 드렸다.

"하느님, 용왕님! 살려 주십시오. 우리 제주 사람들이 다 죽습니다."

그러자 갑자기 커다란 뱀이 밑바닥의 뚫린 구멍으로 들어와서는 그 구멍 위에 똬리를 틀고 앉는 것이었다. 그러자 배 안으로 치솟던 바닷물은 멈추었고 배는 무사히 조천 포구로 들어오게 되었다.

포구에 배를 댄 장동지는 안도의 한숨을 깊이 쉬고는 이 뱀은 필시 용왕이 보낸 사자일 것이라고 생각하고는 급히 집으로 달려가 세수를 하고, 옷을 갈아입은 후 부인과 함께 포구로 갔다. 그리고는 배에 발판을 얹어 놓고 무릎을 꿇고 앉아 뱀에게 정중히 절을 하였다.

"덕분에 이제 무사히 도착했으니 내리십시오."

그제야 뱀은 스르르 똬리를 풀고는 배에서 발판을 타고 내려 지금의 고냥할망신을 모신 구멍으로 사라졌다. 이때부터 이곳에 고냥할망신을 모셨다고 한다.

지금도 이곳에는 해녀들과 화물선 선주들이 수시로 찾아와 제를 올리고 간다고 전한다.

제주

산호해녀

옛날 제주 모슬포대정읍에 마음씨 고운 한 해녀가 살고 있었다.
그 해녀는 당시만 해도 누구나 겪는 마마를 격지 않은 채 해녀 일에 열중했다.
어느 날, 그 해녀는 금포로현 안덕면 사계리에 갔다가 대모바다거북의 일종가 바닷가 깊은 웅덩이에 빠져 있는 것을 발견했다.
'저런, 불쌍하게도'
자세히 살피니 밀물에 올라왔다가 물이 빠지자 나가지도 못한 것이 분명하였다.
'너무 불쌍하구나. 저대로 두면 죽을 수 밖에 없는데……'
이렇게 생각한 해녀는 불쌍한 대모를 잡아서 바닷물에 놓아주었다.
대모는 기쁜 듯이 바닷가로 헤엄을 치다가 잠시 멈추어 해녀를 바라보았다.
해녀가 마주 바라보자니까 대모는 절을 하듯 고개를 두어번 끄덕이고 나서 곧 깊은 바다로 헤엄쳐 갔다.
"잘 가거라. 그리고 행복하게 살아야 한다."
해녀는 물 속으로 사라지는 대모를 향해 손짓을 해 주었다.

그 후 며칠이 지나고, 해녀는 용머리용두암 : 안덕면 사계리아래에서 전복을 따러 바다에 들어갔다.
큰 전복을 찾아 물속으로 들어가니 이상하게도 조개로 반질반질하게 장

산호해녀

식한 대궐이 바다 속에 보였다.
 '이게 꿈인가, 생시인가? 여기에 웬 대궐이 있단 말인가?'
 생각하며 조금 더 깊이 들어가 보니 기이한 꽃들이 만발해 있고 으리으리하고 화려한 궁궐이 차분히 자리 잡고 있었다.
 '세상에 이런 별천지도 있구나!'
 하고 생각하면서 해녀는 대궐의 문 가까이에 갔다.
 그때였다.
 대궐 속에서 어떤 백발의 할머니 한 분이 나왔다. 그 점잖은 할머니는 해녀를 향해 활짝 웃으며 고개를 숙였다.
 '아니? 인사까지?'
 어리둥절해 있는 해녀에게 할머니는
 "해녀님께서 내 금쪽같은 자식을 살려주셔서 무어라 감사의 말을 다 드릴 수가 없습니다. 어서 들어오십시오."
 하고 해녀를 맞이하며 궁궐 안으로 들어갔다.
 대궐에는 미리부터 기다린 모습으로 젊은 선비 하나가 서 있었다.
 "어서 오십시오. 지난 날 구해주신…, 왕자 마대라 하옵니다. 마음껏 쉬시다 가시기 바랍니다."

그때의 대모임이 틀림이 없었다.

해녀도 반가워 인사를 했다.

안내하던 할머니는 왕비임이 분명했다.

"그냥 사람으로서 할 일을 했을 뿐인데 이렇게 환대를 해 주시니 몸 둘 바를 모르겠습니다."

해녀가 마음을 진정시키고 바라보니 갖가지 고기탈을 족도리처럼 쓰고 아름다운 옷을 입은 궁녀들이 춤을 덩실덩실 추는데 한편에서는 바다의 진미가 상 위에 가득 차려져 있었다.

먹고 즐기다 보니 바다에도 어느새 노을이 걸려, 정신을 차리고 나서 해녀는 하직의 인사를 드렸다.

왕비와 왕자가 궁 바깥까지 따라나와서 전송을 해주면서,

"이 꽃을 가지고 있으면 육지의 마마는 면할 수 있습니다. 가지고 가서 집에 두십시오."

하고 왕자가 산호가지 하나를 꺾어 주었다.

해녀는 꽃을 얻어 물 밖에 나와 보니 그것은 산호꽃이었다.

해녀는 그 꽃을 소중히 간직했다.

과연 늙어죽도록 효험이 있어서 해녀는 마마를 앓지 않고 넘겼다고 한다.

신비한 산호꽃이었다.

어촌 설화집
옛날, 한 옛날

발 행 일 | 2018년 11월 20일 인쇄
2018년 11월 27일 발행

발 행 인 | 변종환

발 행 처 | (사)한국바다문학회
47247 부산광역시 부산진구 서전로 47번길 25
Tel : (051) 818-5005 Fax : (051) 310-1500

편집제작 | 도서출판 두손컴 (등록번호 : 제329-1997-13호)
부산광역시 부산진구 부전로35 삼성빌딩 301호
Tel : (051) 805-8002 Fax : (051)805-8045
E-mail : doosoncomm@daum.net

ⓒ(사)한국바다문학회
값 10,000원

ISBN 979-11-88678-41-9 03810

본 도서는 2018년 부산광역시, 부산문화재단 지역문화예술 특성화지원사업으로 지원을 받았습니다.